世襲の日本史

「階級社会」はいかに生まれたか

本郷和人 Hongo Kazuto

NHK出版新書
601

まえがき

僕はつねづね、なぜ日本は「さまざまな誘惑を排除し、こつこつと勉学する才能」に高い価値を与えないのかなあ、と不思議に思ってきました。そして、それとともに、なぜ日本は「世襲」に甘いのかなあ、とも思ってきました。

よく知られることですが、お医者さん、芸能人、政治家。いやな言葉ですが「セレブ」と呼ばれるこうした方たちの地位はしばしば世襲で受け継がれていく。だけど、いろいろなところでそういう指摘をすると、驚くべきことに「えー、親の職業を継《つ》がなければいけないなんて、自由がなくてかわいそう」という本気の声がよく返ってきます。

ここで立ち止まって考えなければなりません。現在の日本は本当に「自由な社会」と言えるのでしょうか。もちろん真の自由を獲得し維持するために、先人たちは、ときに命を賭《か》けてきました。ところが、現在の私たちが生きているのは、世襲がものを言うような社会です。とするならば、どのような原則が、この一見「自由」に見える社会をつくり、動かしてきたのでしょうか。

本書はそのことを、歴史的に、かつまじめに考えたものです。考えた末になんとか導き出した答えを、先に書いてしまいましょう。

どうも日本では「地位より人だ」と考えられてきたらしいのです。しかし、ここでいう「人」とは何かというと、その人のありのままの姿ではなく、その人が受け継いでいる「血」なのです。なるほどそれで世襲か。いやいや待てよ、より慎重に見ていくと、「血よりも家」ではないか。「家」が肝心・要《かなめ》なのだ。まとめると、「地位より人、人というのは血、いや血より家」、これが日本の大原則だったのです。

日本社会には「天皇・皇族、貴族、武士、庶民」という階級意識が厳然とあるらしい。この中で社会変動の主役となってきたのは武士で、彼らは「家」を単位とした「主従関係」(主人一人に対して従者は複数)を結びました。そして、それによって形成された「家」単位のピラミッド（頂点に座るのが天下人）は、たとえば宗教が生み出すリゾーム（頂点を形成せず、ヨコに連なる社会関係）の挑戦を斥《しりぞ》けながら、より強固なものになっていきました。

日本社会はこのピラミッドをもとに、イギリスの階級社会とも、インドのカースト制度などとも異なる、独自の「階級社会」を形成してきたのだろうと考えられます。それはカーストのような細かな具体性を備えていないので、逆に人々の意識に浸透しやすく、そのため、いまだに「家」の継続＝「世襲」を黙認する社会意識を生み、また現在しきりに指摘される格差社会を容認する空気にもつながっていったのではないか。

一方で、日本にはマジメに仕事をする公務員ではなく、「ヤンキー」がもてはやされる文化があります。人々がヤンキーに喝采《かっさい》を送る傾向は歴史を遡《さかのぼ》っても容易に見つけられて、南北朝時代には「婆娑羅《ばさら》」、戦国期には「かぶき」と呼ばれるヤンキー集団が登場しました。

倒幕を成し遂げた維新の志士たちだって、思想性はとりたてて見るべきところのないヤンキーと言えるかもしれません。あの時代、国を救うためには開国こそが必要だ、欧米人とも積極的に交遊する機会を持とう、なんてまっとうなことを言っていると、いつ暗殺されるかわかったもんじゃなかった。

現在はまさかおおっぴらにヤンキーを礼賛するわけにはいかないでしょうけれど、それに代わってもてはやされるのが「アスリート」です。子どもの頃から一生懸命勉強している人は「なんだガリ勉め」と蔑《さげす》まれ、学校で女生徒に人気があるのはまず「体育の得意な男子」でした。まあ、これなどは生物学的に見ると、「雌は自らを守ってくれる雄を選択する」という大原則に則《のっと》っているのかもしれませんけれども、いずれにしても体育会系の部活に汗を流すのが若者の本道とされる。

もしかすると、日本人がこうした婆娑羅やかぶき、ヤンキーといった「自由」な存在に惹《ひ》かれるのは、強固な階級意識の裏返しなのかもしれません。

本書は以上のことを真っ当に考えた、ごくごく真っ当な本です。結論にたどり着くまでには、当然、考える過程があります。そして過程こそが重要です。何を素材に、どうやって調べて考察するとこういう結論に達するのか。みなさんもそのことを一緒に考えながら、どうぞ読んでみてください。

世襲の日本史——「階級社会」はいかに生まれたか　目次

まえがき……3

序章　世襲から日本史を読み解く……13
歴史を学ぶ醍醐味
「地位」か、それとも「家」か
征夷大将軍職をめぐる事件
決め手は「地位」ではなく「家」
世襲と日本人
静的な観察と動的な観察

第一章　古代日本でなぜ科挙は採用されなかったか？……29
「氏」と「家」の五〇〇年

ウルトラマンファミリーと「記紀神話」
大和朝廷は典型的な氏族国家
世襲で選ばれた日本の役人たち
「皇朝十二銭」は貨幣だったのか
「令外官」と換骨奪胎
摂関政治の実相
「招婿婚」の矛盾とは
上皇はなぜ偉いのか

第二章　持統天皇はなぜ上皇になったか？……55

上皇は日本ならではの存在
持統朝という転換点
天皇家の直系家族化
長子相続への移行
「氏」から「家」へ
藤原氏はなぜ台頭したか

第三章　鎌倉武士たちはなぜ養子を取ったか？……73
「職の体系」とは何か
「職の体系」と「荘園・公領制」
白河上皇の三不如意
武士団＝原イエの誕生
主従関係の単位は「家」
「家」の超血縁性とは
養子に込められた武家の意図
見えてくる「世襲の原理」

第四章　院家はいかに仏教界を牛耳ったか？……95
日本では仏教界も世襲
仏教と『北斗の拳』
貴族から支持された「密教」
王法と仏法は車の両輪
仏僧の出世も世襲で決まる
「遷代の職」と「永代の職」

第五章　北条家はなぜ征夷大将軍にならなかったか？……113
執権専制から得宗専制へ
名より実をとる戦略
「地位」をめぐる権力闘争
こじれた後継者問題
執権権力vs.摂家将軍
北条家最大の危機
主従関係の本質とは

第六章　後鳥羽上皇はなぜ承久の乱で敗れたか？……137
後鳥羽上皇の誤算
「ツリー」と「リゾーム」
朝廷はなぜ「雑訴の興行」を始めたか
出世できる「家」、できない「家」
世襲によって決まった出世コース
きわめて日本的な人材抜擢
朝廷改革の顚末

第七章　足利尊氏はなぜ北朝を擁立したか？……157
南北朝時代の到来
吉田定房の諫め状
「魔法少女まどか☆マギカ」が教えてくれたこと
足利尊氏は「婆娑羅大名」の元締め
それでも天皇は必要だった
義満は皇位簒奪を目論んでいたか

第八章　徳川家康はいつ江戸幕府を開いたか？……179
織田信長と天皇
「職の体系」から「一職支配」へ
豊臣秀吉は天皇に何を期待したか
武家政権の基本は主従関係
徳川家を頂点とする秩序の形成

終章　立身出世と能力主義……189
明治の元勲たちは「子孫に美田を残さず」
明治政府はなぜ世襲をやめたか
世襲の根本を支えた理屈とは
なぜ日本で世襲は強いのか

あとがき……199

主要参考文献……203

序章　世襲から日本史を読み解く

源《みなもとの》頼朝《よりとも》が征夷大将軍《せいいたいしょうぐん》という「地位」を獲得したのは、建久《けんきゅう》三（一一九二）年のことです。以後、江戸時代の終わりまで、武家の第一人者に、征夷大将軍というポストが与えられるようになったのです。そのため、歴史学の世界では、征夷大将軍という「地位」を得たことを、幕府成立の指標にしていたことがありました。

しかし、それは近年急速に見直されています。みなさんも鎌倉幕府が開かれた年が「いい国（一一九二）つくろう鎌倉幕府」から「いい箱（一一八五）つくろう鎌倉幕府」になってきているという話を聞いたことがあるかと思います。

先に述べたように、頼朝が征夷大将軍になったのは、確かに建久三年です。しかし、文《ぶん》治《じ》元（一一八五）年には、朝廷に守護《しゅご》・地頭《じとう》の設置を認めさせ、広範な地域における警察権と徴税権を把握しており、それまでに関東を平定し、木曾義仲《きそよしなか》を討ち、平家《へいけ》を追討しています。

これらは征夷大将軍というお墨つきがあったからできたのではなく、すべて頼朝本人の実力によって成し遂げられたことです。ですから、その実力を認め、「いい箱（一一八五）つくろう鎌倉幕府」とするのは、至極真っ当な考え方と言えます。

本音を言えば、僕はこれにも不満です。頼朝は治承《じしょう》四（一一八〇）年には南関東を平定して鎌倉に入り、名実ともに武家の棟梁《とうりょう》である「鎌倉殿」になっていますから、この年をもって鎌倉幕府が開かれたとすべきではないかと考えています。

つまり私たちは、朝廷から与えられた実質のない官位よりも、例えば頼朝が何を考えて何をしたかという、歴史の生々しい動きにこそ注目すべきなのです。もちろん史料に書かれていることは大事ですが、そこに答えが書いてあるわけではありません。そこからどのような解釈が導き出せるか、つまり歴史の動きに思いを馳せることこそ、歴史を学ぶ醍醐味と言えます。

「地位」か、それとも「家」か

先ほど、僕は征夷大将軍を「朝廷から与えられた実質のない官位」だと言いましたが、そのことを如実に示すエピソードがあります。正治《しょうじ》元（一一九九）年正月、源頼朝が前年末の落馬による負傷で急死したときのことです。

頼朝亡きあと、後継者として立ったのは嫡男《ちゃくなん》の頼家《よりいえ》でした。しかしこのとき、頼家は征夷大将軍に任ぜられたわけではありません。頼家に将軍宣下《せんげ》が行われたのは、建仁《けんにん》二(一二〇二)年でした。つまり頼家は、征夷大将軍になることのないまま、三年にわたって「鎌倉殿」として、鎌倉幕府の棟梁の座に就いていたことになります。

だからといって、その間にほかの何者かが「俺こそが頼朝の後継者だ。頼家には根拠がない」と主張して争ったかといえば、そんなことはありません。別な理由によって幕府の運営は頼家の親裁から合議制に移行しますが、頼家の鎌倉殿としての正統性を脅《おびや》かすものは現れなかったのです。

主な理由は、頼家が後継者として明確に指名されていたという事実です。これは大変重いことでした。『吾妻鏡《あずまかがみ》』という鎌倉期に編纂《へんさん》された歴史書に記されている、一つの逸話があります。建久四(一一九三)年五月、頼朝は御家人を集めて富士の裾野《すその》で巻狩《まきがり》を行いました。ちなみにこれは当時の一大イベントで、有名な曾我《そが》兄弟の敵討《かたきう》ちもこのときに起こっています。

頼朝が巻狩を行った目的の一つは、頼家が自らの後継者であることを内外に示すことに

鎌倉時代から巻狩の練習としても行われた犬追物の様子。江戸時代の『犬追物図』(国立国会図書館蔵)より

あった、と僕の恩師である石井進《いしいすすむ》は指摘しています。この巻狩で、頼家は大きな鹿を射止めました。それを知った頼朝は即座に狩りを中止し、「矢口《やぐち》の祭り」を盛大に催します。

「矢口の祭り」といっても現代人には馴染みがないと思いますが、当時の武家社会では大変重要な意味を持つ行事でした。武家の男子が狩猟に出て、初めて獲物を射止めたとき、獲物とともに黒と赤と白の餅を用意し、矢を射ることに優《すぐ》れた人たちがそれを順番に食べて祝うのです。『吾妻鏡』には、食べた御家人の順番まで明記されています。

この行事の成功は、山の神や土地の神が、その家の後継者が一人前になったことを祝福して猪や鹿などの獲物を贈ってくれ、それによって家の繁栄が保証された、ということを意味します。つまり、頼朝は「矢口の祭り」を盛大に行うことで、頼家が自らの事業を受け継ぐ二代目として、神という人間を超えた存在からも承認を受けたと、御家人たちに周知する手続きを踏んで見せたのです。

こうした頼朝の細心の地ならしもあり、このとき一二歳だった頼家は坂東《ばんどう》（関東地方）の武士たちから後継者であると認識され、六年後の父の死去に際してスムーズに鎌倉殿を承継することができました。ここで見えてくるのは、頼朝の跡《あと》を継いだ頼家にとって重要だったのは、征夷大将軍という「地位」ではなく、父が遺した源氏の「家」を確実に受け継ぐ、いわば「世襲」だったということです。

そもそも頼朝も、征夷大将軍という「地位」には、あまりこだわっていませんでした。頼朝にとって征夷大将軍という「地位」は、奥州藤原氏《おうしゅうふじわらし》攻めにあたっての大義名分としては、必要だったかもしれません。しかし、実際に任ぜられたのはその三年後ですから、おそらくいまさらという思いだったでしょう。

その証拠に、宣下から二年ほどで将軍職を返上しています。では、征夷大将軍でなくなった頼朝の力は低下したでしょうか。もちろんそんなことはまったくありませんでした。頼朝は死去するまで武家の第一人者として並ぶ者のない権威と権力を維持し続けたのです。

征夷大将軍職をめぐる事件

征夷大将軍職をめぐっては、同じことをもっと明確にした事件が室町幕府で起きています。四代将軍足利義持《あしかがよしもち》には義量《よしかず》という嫡男がいました。義量は酒好きで、若い頃から随分飲んでいたようです。五代将軍に就任してわずか二年で体を壊し、亡くなってしまうのです。

当時、まだ四〇歳だった義持は「いずれまた、子どもができるだろう」という希望を抱いて、もう一度将軍に復帰するのですが、その三年後に掻《か》きむしったできものから雑菌が入ったことが原因で、万死《ばんし》の床にふせってしまいます。慌てた幕閣たちが「次の将軍には誰を据えたらよろしいでしょうか」と今際《いまわ》の際《きわ》に尋ねたところ、「お前たちで決めろ」と言って義持は息を引き取りました。

ここからはよく知られた話になります。義持には子どもはいませんでしたが、弟が四人いました。その弟の中から将軍を決めることになり、石清水八幡宮《いわしみずはちまんぐう》でくじ引きをしたのです。くじに当たったのが、たまたま義持と母親が同じ弟で、青蓮院《しょうれんいん》門跡から天台座主《てんだいざす》となった義円《ぎえん》(のちの義教《よしのり》)という人でした。

ここで、いかにも日本らしい事態が起こります。義教は大変前向きな性格の人で、将軍と決まったからにはすぐに政治を始めよう、政務を見ようではないかと前のめりの姿勢を見せるのですが、そう簡単にはいかなかったのです。

ときの朝廷は、義教がすぐに将軍に就くことを認めませんでした。その理由は、この人がお坊さん——すなわち剃髪《ていはつ》をした僧体だったことにあります。当時の男性は頭頂部を人に見せるのは大変な恥とされていたので、成人男性は必ず烏帽子《えぼし》を被っていました。絵巻などに寝ているときも烏帽子を被っている男性が描かれていますが、これはそういう理由によります。

またそれだけではなく、烏帽子を被ってはじめて、朝廷の官位官職をもらうことができる、ということにもなっていました。そこで、「髪の毛が生え揃うのを待ちましょう」ということになったわけです。

しかし実際には当時大きな権力を持っていた武家に対して、官職を早く与える方法などいくらでもありました。父親の三代将軍義満は好き放題やっていましたし、のちの豊臣秀吉《とよとみひでよし》に至っては職員録を改ざんしてあっという間に関白《かんぱく》になっています。ですから、早めることはいくらでもできたのです。

烏帽子も被れない者に官位官職を与えることに、当時の後小松《ごこまつ》上皇をはじめ貴族たちが難色を示したのは、還俗《げんぞく》したばかりで世上の経験に乏《とぼ》しい義教を、甘く見ていたからかもしれません。朝廷がさまざまな理屈を持ち出して、征夷大将軍の地位を与えないことに対して、義教はイラつきはじめました。

じつはこの義教は、義満にも負けない豪腕の持ち主でした。しかも、自分なりの理屈があれば、どこまでも自分の意志を貫く人でもありました。当然このときもその片鱗《へんりん》を見せ、「じゃあ、いいよ。別に征夷大将軍にしてくれなくても、俺は勝手に政務をやるから」と言い出したのです。

決め手は「地位」ではなく「家」

しかし、ここで再び待ったがかかります。万里小路時房《までのこうじときふさ》という、室町将軍家と朝廷との橋渡しをするポジションにいた貴族が、義教に次のような説教を垂れたのです。

「征夷大将軍になっていないあなたが政治を行っているときに、もしも非常に力を持った敵が現れたらどうしますか。将軍になっていないあなたは、その敵を原理的に否定することはできないでしょう。もしも、征夷大将軍という『地位』を軽んじて、あなたが政治をやったら、その敵とあなたは同等です。あとは戦って強い者が勝つ、それだけのことです。だから、征夷大将軍という『地位』を獲得して、それから政務を始めたほうがいいのではないですか」（時房の日記、『建内記』より）

結局、時房の熱弁も虚《むな》しく、義教は政治を始めてしまうのですが、この一連の経緯について、研究者はさまざまな解釈をしてきました。恩師・石井進の、そのまた先生は佐藤進《さとうしん》一《いち》という偉大な中世史研究者です。佐藤先生は次のような解釈を示しています。

それは、第二の将軍と言われた鎌倉公方《くぼう》・足利持氏《もちうじ》が「俺こそ将軍にふさわしい男だ」と言って出てきたら、義教は「お前は出てこなくてもいい」と突き離すだけの理屈、原理を持っていなかった、つまり万里小路時房が言っていることを是《ぜ》とする考え方です。

研究者の間では、これを認める風潮が強いのですが、例えばその理屈で足利持氏が出てきて朝廷から将軍と認められたとして、京都に集まっている守護大名たちが彼の側についたかと考えると、それはまずなかっただろうと思います。というのは、やはり室町幕府のトップを決めるのは、足利将軍家を担いでいる守護大名たちの総意であり、朝廷の意向などではなかったからです。

たしかに、義持は後継指名をしなかったけれど、石清水八幡宮のくじに当たった人にしようと決めた。そして義教が当たった。足利義教が「籤《くじ》引き将軍」と呼ばれたという話が、歴史の本には度々出てきます。これは間違いではありませんが、この話を読んだかなり多くの人がその意味を誤解していると思います。

石清水八幡宮のくじ引きで選ばれたということは、その人物が神意にかなう人だという正統性の証明にこそなれ、マイナスの意味はないのです。現代人は合理的に考えるのでくじ引きというと偶然、あるいはインチキで選ばれたように疑う人もいるかもしれません。ここは、現代人と室町人の意識が大きく乖離《かいり》している部分だろうと思います。

つまり、守護大名たちがくじで選ばれた義教を、足利家の「家」を世襲した人物であると認めたわけですから、第一に神様が正統化してくれた、第二に守護大名がみんな納得した、そういう手続きを踏んで家の当主に就任した、だから政務を行える、という手順だったのです。ここでも、征夷大将軍という「地位」ではなく、足利将軍家という「家」が決め手でした。

世襲と日本人

現在の日本社会では、会社員や公務員の家庭に生まれ、親と同じように会社や役所に就職した人が、自ら「世襲」を体験することはほとんどないでしょう。しかしテレビや新聞、雑誌では、古典芸能や伝統工芸の技術を受け継ぐ家などで世襲が行われたと伝える放送や記事は珍しくありません。中でも華々しく繰り広げられる、歌舞伎俳優の襲名(名跡《みょうせき》の世襲)は格好のワイドショーネタです。

このように私たち日本人は、日頃から「世襲」という言葉に接してはいますが、果たしてその意味を正確に理解しているでしょうか。試みに『大辞林』(第二版)を引いてみると、

「その家の地位・財産・職業などを子孫が代々受け継ぐこと」と説明されています。ここで重要なのは、「その家の」という文言です。つまり辞書では、世襲とはそれぞれの家の私事《わたくしごと》であると説明しているのです。ニュース番組などで全国的に報じられているのを見ると、つい公的なことのように感じてしまいますが、世襲とは、基本的にすべてその家の私的なイベントなのです。

ところが日本では、政治のような公的な分野でも堂々と世襲が行われており、議員や自治体の長が選挙の地盤を自らの子女や親類に譲って批判を受けることがあります。なぜ批判されるのかといえば、本来私事である世襲を、公的な選挙に持ち込むことが「公私混同」と見なされるからです。

しかし日本では、どれだけ批判を受けても怯《ひる》むことなく世襲は敢行され、しかも多くの場合、競合する相手に大差をつけて当選してしまいます。つまり、有権者も世襲政治家に期待するところ大というわけです。

こうして生まれた世襲政治家は、地盤・看板・カバンを受け継ぐと言われます。地盤の中には後援会など、選挙を戦い抜く組織体も含まれます。そこには永年にわたって選挙区を掌握し、取り仕切っている地元担当の秘書がいて、このポストも城代家老のように世襲で受け継がれていたりします。これが何代にもわたれば中央政界において重きをなし、政権党における有力者の立場を占めることにつながります。かつてはこういう人が「○○将軍」などと呼ばれて、陰に陽に政治の世界で影響力を誇示するようなこともありました。

またオーナー経営の企業では跡取り息子が入社すると、二十代で課長、部長と昇進し、三十代には取締役となります。こういう会社でサラリーマン社長が中継ぎでもすれば、その立場はきわめて微妙なものになります。なにしろ跡取り息子は、やがては経営トップとしての役割や責任、有形無形の資産――つまり実質的に会社のすべてを世襲するからです。

その家の財産をどのように相続するかは個人の自由ですが、民間といえども企業は社会の公器であるはずです。ですが、日本ではこのような世襲が批判を受けることはまずありません。

つまり、社会の幅広い分野で「世襲」という私的なものが大きな存在感を持ち、ときには内閣総理大臣や会社の社長という、本来もっとも高い「地位」にある公人を圧迫してしまうこともある国、それが日本だと言うこともできそうです。

静的な観察と動的な観察

念のためにつけ加えれば、世襲はもちろん日本だけのものではありません。世界中で行われていると言っても過言ではないほど、人間社会にとって普遍的なシステムです。ただ、そういう中でも、やはり日本は世襲大国と言わざるをえません。その理由が、この国の歴史にあることは間違いないでしょう。

本書で詳しく見るように、特に日本史上の大きな曲がり角で、法に定められた公《おおやけ》の「地位」と、世襲でつながる私的な「家」との相克が繰り広げられてきました。「地位」が低いはずの人、あるいは「地位」がない人が突出した権威や権限を持って登場することもあれば、逆に高い「地位」に就いている人が実質的には何もできずに歴史の中に埋もれていくケースもあります。こうした事例は他国に例がないとは言いませんが、それがこの国で色濃く表れていることは確かでしょう。やはり世襲は、日本社会にとって独特の意味を持っていると言えそうです。

こうした「地位」と「家」の対立は、「公」と「私」の対立と言い換えられるかもしれません。こうした観点から日本史を見直してみると、通説に対する疑問や謎が、また別の姿となって浮かび上がってくるのではないでしょうか。

一つだけ、お断りしておきたいことがあります。それは、歴史研究には「**静的な観察**」と「**動的な観察**」があるということです。静的な観察とは、簡略に言えば史料を調べるだけの研究で、僕にとってあまり興味を惹かれるものではありません。一方、動的な観察とは、史料の解釈をもとに様々な状況を考えながら、歴史の動きを観察していくものです。

例えば、頼朝は征夷大将軍に任ぜられたと史料に書いてある、だからこれによって彼は武家の第一人者になったと認められる、という考え方があります。では、室町幕府最後の将軍である足利義昭《よしあき》も、征夷大将軍に任命されたから武家の第一人者でしょうか。じつはそう言い切る研究もあるのです。しかし、これこそまさに実態や、物事の本質を見ないで、建前だけを見る静的な観察です。本書において僕は、もっぱら動的な観察の立場から解説をしていきます。

ただそうすると、必ずしも「地位より家」という僕が提示した法則が当てはまらない、例外的な事態も出てくるかもしれません。しかしそれも含めてこそ動的な観察と言えますし、そうした事態をどう考えるかが、歴史家の腕の見せ所だとも思っています。

第一章

古代日本でなぜ科挙は採用されなかったか？

「氏」と「家」の五〇〇年

日本史上における「家」の問題を考えるとき、当たるべき重要な参考書があります。それが『文明としてのイエ社会』です。刊行されたのは昭和五四(一九七九)年ですから、すでに半世紀近くが経とうとしていますが、この本のような視点でなされた研究がその後現れないために、現在も独立峰のような存在になっています。

同書を執筆したのは、経済学者の村上泰亮《むらかみやすすけ》、社会学者の公文俊平《くもんしゅんぺい》、政治学者の佐藤誠三郎《さとうせいざぶろう》の三人で、いずれも東京大学の教授でした。テーマは、極東の島国である日本がなぜ明治以降の近代化・産業化に成功しえたのかということでした。彼らは、日本近代化のプロセスの担い手は、日本独特の「イエ型集団」であったとして、その形勢過程を古代にまで遡り、人類学や社会学、歴史学などにまたがる広汎でボーダーレスな検討を行いました。

まず冒頭では、日本の歴史が社会変動の二つの大きな波動《サイクル》からなるということを仮説として提案しています。そして、その第一の波動《サイクル》を氏族型発展の日本版である「ウジ社会(以降、「氏社会」)」、第二の波動《サイクル》を辺境農耕文明型発展の日本版である「イエ社会(以降、「家社会」)」とします。ただしこの二つの波動は「〇〇時代」というような時代区分ではありません。氏社会と家社会は一一世紀から一六世紀までおよそ五〇〇年にわたって重複しながら、衰退と興隆を交差させていくのです。その交差の軌跡こそが、古代から中世にかけての日本の歴史の躍動であったと見ることもできるかもしれません。

ウルトラマンファミリーと「記紀神話」

古代日本が、氏族《しぞく》社会として発展したことは広く知られているところです。氏族とは共通の祖先を持つとする擬制的な血縁集団であり、神話や信仰を共有することで成り立っています。そして、日本の神話は「記紀《きき》神話」という形でまとめられています。

「記紀」というのは、『古事記』と『日本書紀』のことで、この両書はともに民族の歴史として序盤で神話が述べられています。僕はこの構造を理解するには、ウルトラマンファミリーの話が役立つと思っています。「ウルトラマン」が昭和四一（一九六六）年に放送されて大人気になると、翌四二年には「ウルトラセブン」が放送され、ウルトラマンを上回る人気となりました。

当初、ウルトラマンとウルトラセブンのストーリーには何の関係もありませんでした。

ウルトラマン世界とウルトラセブン世界は、それぞれ別個のものとして、まったく無関係に展開されたのです。ところが昭和四六年に「帰ってきたウルトラマン」がつくられたあたりから、徐々にウルトラマンのファミリー化が進行しました。

ウルトラマン、ウルトラセブン、帰ってきたウルトラマン、ウルトラマンA《エース》、ウルトラマンタロウ、ウルトラマンレオは兄弟であり、その兄弟の両親としてウルトラの父やウルトラの母までが創作されるにいたります。僕個人としてはすっかりドン引きして観なくなってしまったのですが、円谷《つぶらや》プロとしては、このウルトラマンのファミリー化は大成功という評価だったようです。

記紀神話もじつはこれと同じような構造を持っています。日本には、全国各地にさまざまな神様がいました。大和朝廷は天皇氏《うじ》を頂点とした統一国家建設に向けて、これらの神様をファミリー化していったのです。これは氏族社会の典型的なあり方で、氏族間で淘《とう》汰《た》・吸収が起こる場合には、相手の氏族の祖先神を抹殺するのではなく、取り込んでいきました。

記紀神話は宇宙の始まり（天地開闢《かいびゃく》）からスタートします。同時に幾柱《いくはしら》かの神様が登場してくるのですが、最後に生まれた神様がイザナギノミコト、イザナミノミコトです。イザナギノミコトとイザナミノミコトは結婚をして、さまざまな神様を産みます。そのうちもっとも貴《とうと》い三柱の神様（三貴神）とされるのが、アマテラスオオミカミ、ツクヨミノミコト、スサノオノミコトです。

やがて神話は日本誕生へと向かいます。アマテラスオオミカミの孫であるニニギノミコトが高千穂峯《たかちほのみね》に降りて天皇家の祖先神となります。ニニギノミコトの子が海幸彦《うみさちひこ》と山幸彦《やまさちひこ》です。この兄弟の話は童話化されて広く読まれています。この山幸彦の孫が神武《じんむ》という初代天皇となります。ここからは神世《かみよ》の話から人代《ひとのよ》の話になります。

このとき、系統の違う神様についてはさまざまな工夫がなされています。例えば出雲《いずも》神話については、記紀神話ではスサノオノミコトのヤマタノオロチ退治から国づくりの話へと展開します。しかし、まったく別のストーリーを持つ神話も存在しますので、なんらかの改変が施された可能性はあります。また、宇佐八幡宮《うさはちまんぐう》や諏訪《すわ》大社などは別系統の神様であり、記紀神話には取り込まれていません。いずれにしても、天皇氏の祖先神との関わりの程度によって神様の世界の再編成が行われ、天皇から氏《うじ》と姓《かばね》が与えられた豪族、貴族の祖先の物語としても成立していったのです。

大和朝廷は典型的な氏族国家

こうした神話を共有する形で、各氏族はあたかもバウムクーヘンのように層をなして社会集団を形成しました。そしてそれらの集団はさらに淘汰と吸収を繰り返し、さらに大きな集団へと拡大していきます。

その様子が、『後漢書東夷伝《ごかんじょとういでん》』や『魏志倭人伝《ぎしわじんでん》』などに記述された、戦乱を繰り返していた倭の状況であったかもしれません。そして、やがて大和朝廷に代表される一定の規模をもった古代国家が形づくられていきました。つまり、大和朝廷は有力な氏族集団の連合国家であったと考えられます。

近代社会学の創始者であるマックス・ウェーバーは、その基本構造を嵯峨《さが》天皇の時代に完成した古代氏族名鑑『新撰姓氏録《しんせんしょうじろく》』に明記された分類にもとづき、『支配の社会学Ⅱ』の中で見事に説明しました。ウェーバーは、インドやロシアなどの古代の各所に見られる氏族国家の中でも、律令《りつりょう》制国家を形成する以前の日本がその純粋型であるとして、次のように述べています。

皇別《こうべつ》、すなわち日本のカリスマ的支配者たる神武天皇の家（氏《うじ》）から出自した（と云われている）諸家族は、永続的に特殊な恩寵を恵まれた家族として現われ、他の氏に対してこの優位を保持している。皇別以外の他の氏の中では、神別《しんべつ》、すなわち右の支配者の従士《ゲフオルクスロイテ》の諸家——これらの従士は、支配者とともに移住してきた外来の氏族および支配者によってその従士の中に編入された古来土着の氏族である（と云われている）——が、カリスマ的貴族を形成している。そして、これらの貴族は、相互の間で行政機能を分担した。連《むらじ》および臣《おみ》の両ジッペが、カリスマの点で最上位にある。（中略）とりわけ大連《おおむらじ》および大臣《おおおみ》の家は、そのジッペの特殊なカリスマの担い手であり、したがって、これらの家の家長は、宮廷において、また政治的共同体内部において、彼らにふさわしい地位につく権利を要求した。（『支配の社会学Ⅱ』、四六七頁）

その上で、ここからは要約ですが、「このような氏族国家では、世襲カリスマの原理にしたがって政治経済が行われる。また国家の全編成は氏族別あるいは氏族の郎党や領地所有状態に応じた編成となる。氏族国家では、個々の氏族が持っている職務要求権の正当性の根拠は、個々の氏族が持っている特殊なカリスマにある」と述べ、日本の古代社会こそ氏族国家の典型であり、ほかの世襲官職国家や封建国家とは区別するべきだとしています。

世襲で選ばれた日本の役人たち

こうした氏族社会の日本的展開である氏姓《しせい》制度に基づいた政治形態は、律令制以前の大和朝廷の基本的な構造でした。ですが、七世紀に入った頃から朝鮮半島情勢が複雑化し、大和朝廷は大陸の統一王朝である隋《ずい》、続いて唐《とう》という巨大帝国の脅威に直面することとなります。

おそらく天智《てんじ》二(六六三)年の白村江《はくすきのえ／はくそんこう》の戦いにおける壊滅的な敗戦が決定的な契機となって、大和朝廷では氏族集団の連合体からより強力な単一国家建設への機運が高まり、中華帝国を範とした律令国家の形成に向かいました。しかし結局、これが失敗に終わったことが、氏社会の解体への第一歩となったというのが、『文明としてのイエ社会』の見解です。

その理由の第一は、中国には緻密に構築された律令を運営する官僚を支える文化的基盤や運輸・通信のシステムが整っていたが、当時の日本にはそれがほとんどなかったこと。第二には、律令がつくられるにはさまざまな慣習法や道徳律が土台となったはずだけれども、それも当時の日本には存在しなかったことが挙げられています。

律令の「律」は刑罰の体系、「令」が政治の体系です。したがって税金をどのように徴収するか、あるいは政治をどのように行うかというのは令のほうに入ります。令についてはのちに「令義解《りょうのぎげ》」という注釈書がつくられたので、ほぼ復元することができます。そして、令があったということは、当然そこに定められた役人もいたわけです。しかし、彼らが本当の意味での「官僚」と言えるものだったかは大いに疑問です。

二〇一九年の東京大学の入試に、いくつかのキーワードを挙げて「藤原京《ふじわらきょう》の成り立ちを説明せよ」という問題が出ましたが、その中に「官僚」というキーワードが含まれていました。たしかに古代日本の官僚制についての研究は、早川庄八《はやかわしょうはち》先生を始めとしてそれなりになされてきました。しかし、その研究対象となった役人たちに官僚という言葉がぴったり当てはまるのでしょうか。というのは、官僚とは公平な試験によって選ばれた人たちであることがもっとも基本的な条件だからです。

日本の場合、まず「科挙《かきょ》」という試験が存在しませんでした。そして結局、「家」を基本とした世襲で役人が選ばれていました。そういう形で役人になった人を本当に官僚と言ってしまっていいのでしょうか。こうした基本的な疑問が残る中で、入試の問題にしてしまうのはデリカシーがないと思わざるをえません。

一方の中国では、科挙は隋代に導入され、唐の時代にはある程度定着していました。公平な試験を全国的な規模で実施して天下の秀才を見いだし、国家の中枢を担う人材として登用する。これこそがまさに官僚です。これを一〇〇〇年以上にわたって継続した中国は、まさに皇帝と官僚の国であるわけです。

日本も、試験をまったくやっていなかったかというと、やってはいるのです。たとえば没後に学問の神様とされた菅原道真《すがわらのみちざね》は、大学寮《だいがくりょう》という当時の朝廷の教育機関で学び、そこで試験を受けています。おもしろいことに、菅原道真が受けた試験の内容やその成績もわかっています。じつはあまりいい評価ではなかったのですが、それでも結果的に彼は合格しています。要するに受けた人はたいていてい合格したのです。つまり、試験はあったけれども道真の頃にはすでに形骸化してしまっていたということです。

もっとも、古代日本にもそれほど高い家柄の出ではないのに学識によってついには右大臣にまで出世した吉備真備《きびのまきび》のような人はいました。この人は地方の出身でしたが、遣唐使として大陸に渡って学び、最先端の知識を持って日本に帰ってきたことで重用されました。こういう人物は確かにいたのですが、それはやがて家を世襲することによって役人が生まれるのがスタンダードになるまでの準備段階のようなものであり、本質ではなかったのだろうという気が僕にはしています。

「皇朝十二銭」は貨幣だったのか

貨幣《かへい》についても同じような疑問がつきまといます。例えば、いまの一万円札の原価はおそらく二五円ぐらいではないでしょうか。つまり一万円札のモノの価値は、二五円程度しかないわけです。

しかし、日本では北は北海道から南は沖縄まで、誰が見てもそれが一万円の価値を持っていると疑いません。このことを可能にしているのは、言うまでもなく日本国政府の信用です。政府の信用によって、二五円のモノが一万円の価値として流通しているのです。

また、クイズによく出る問題に「日本で一番古いお金は何ですか」というものがあります。答えは教科書に出ています。「和同開珎《わどうかいちん》が皇朝《こうちょう》十二銭最初の一枚である」という内容が本文に書いてあり、欄外には「それ以前に富本銭《ふほんせん》というものがあったという説もあります」と書かれていると思います。

しかし僕は、当時の銭についてこのように書くのは大きな間違いだと思っています。というのは、和同開珎を始めとする一二種類の銭がどれだけ流通していたかといえば、ほとんど流通していないのが実態だったからです。

朝廷は一生懸命つくった銭がなかなか流通しないため、銭を沢山蓄えた者に位階を与える「蓄銭叙位令《ちくせんじょいれい》」という法律までつくっています。それぐらい流通していなかったということです。流通していなかったのなら、それは本当に銭なのでしょうか。

本来の意味で貨幣経済が日本に浸透したのは、ずっとあとの時代です。平安末期に平清盛が日宋貿易を熱心に推進しましたが、そうした経済活動の結果として大量の銭がこの国にもたらされ、国内でも流通するようになったのです。とりわけ鎌倉時代の一二二六年から一二五〇年の間に、中国の銅銭は大量に入ってきました。もちろん正式な国交は開かれていない時代ですが、民間貿易の船が日中間を頻繁に往来し、盛んに貿易を行っていたのです。「使われる」という観点からすると、日本最初の銭は、やはりこの鎌倉時代に生まれたのだと僕は思います。

「令外官」と換骨奪胎

科挙と貨幣について、当時の実態を述べましたが、そもそも律令自体が、基本的に同じ状態だったのではないかと僕は考えています。つまり、古代日本の律令は、実際には使われなかった法令であった可能性が高いのです。

中国の律令は、多民族、多言語、多宗教を抱えた広大な帝国を治めるためにつくられたものであり、単なる法体系にとどまらず、中華文明の一つの到達点と言えるものでした。日本はそれを中国から借りてきたのです。しかし、借りてきたものであったがために、日本の実情に合わない部分がたくさんありました。

それに対応するための方便の一つが「令外官《りょうげのかん》」というものです。本来、朝廷の政治を行うための官職は、すべて律令に記されています。しかしそれが日本の実情に合わないということであれば、律令に記された以外の官職をつくらざるをえません。令外官は中国にも存在しましたが、日本ではこれが朝廷内のほとんどを占めていました。

当時の朝廷の官職体系をごく簡単に説明しましょう。まず、地方官がいます。地方官は国司《こくし》を中心とするもので、ほかの官職と同じように、守《かみ》、介《すけ》、掾《じょう》、目《さかん》の四つからなります。例えば武蔵国《むさしのくに》であれば、武蔵守、武蔵介、武蔵掾、武蔵目となり、この四人はすべて国司です。やがて下のほうの官職は形骸化していき、国司というと一番上の守を指すようになりますが、これは現在で言えば県知事です。そして県知事の役所である県庁を国衙《こくが》と言います。つまり国衙で地方政治を司《つかさど》るのが、地方官である国司です。

地方官より一段格が高いのが、中央のさまざまな役人ですが、これは議政官《ぎせいかん》と言います。その議政官が政府を動かしていきます。議政官の一番下が参議《さんぎ》です。参議の定員は八人と決まっています。

参議の上が中納言《ちゅうなごん》で、これは定員が決まっていません。時代が下るにつれて増える傾向にあります。平安時代の終わりぐらいから鎌倉時代の初めにかけては、正式な中納言と権中納言《ごんちゅうなごん》（権は仮という意味）を合わせて二〇人ぐらいいたでしょうか。中納言の上が大納《だいな》言《ごん》ですが、大納言も定員は決まっていません。これも中納言と同じで、時代が下るに従って増えていきました。

大納言の上にいるのは大臣《だいじん》です。朝廷では左のほうが上になるので、内大臣《ないだいじん》の上が右大《うだい》臣《じん》、右大臣の上が左大臣《さだいじん》、トップは太政大臣《だいじょうだいじん》となります。大臣はそれぞれ一名です。以上が中央の議政官です。

そのほかに、天皇権限の代行者がいます。間違えてはいけないのは、彼らは天皇を補佐するのではなく、ほぼ天皇として振る舞う、政治権力をふるう官職だということです。天皇が女性もしくは子どもの場合は摂政《せっしょう》、天皇が成人男性の場合に代わりを務めるのは関白なので、摂政関白という言い方になります。摂政と関白は同時に存在することはありません。天皇が子どものときは摂政であり、成長して元服したときには、摂政が関白に切り替わるということです。

この人たちが当時の朝廷を動かしていたわけですが、このうち令外官はどれだけいたでしょうか。まず参議が令外官です。次の中納言も令外官です。大納言は律令に準拠していますが、内大臣は令外官です。右大臣、左大臣、太政大臣はすべて律令に規定があります。摂政関白も令外官です。つまり、ほぼ三分の二は令外官だったのです。朝廷の実情を見ても、律令だけに則っていては政治ができないという状況になっていたことがわかります。

もっとも日本は、古くからこのようなやり方が定番でした。つまり、コンセプトを外国から借りてきて、実施するときにはうまく日本風に換骨奪胎《かんこつだったい》する。文字がそうでした。日本には文字がなかったので漢字を持ってきましたが、これを改変して仮名を生み出しました。また、中国から仏教を持ってきましたが、日本風の祖先崇拝を加えて信仰を広げました。

日本という国は、モノを新しく生み出すというのはあまり上手くありませんが、何かいいコンセプトがあるとそれを日本に持ってきて、改変して使うことは非常に上手です。例えば「0《ゼロ》の発見」のように世界観を変えるような大発見は、残念ながら日本からは出てきません。中国では羅針盤《らしんばん》や磁石、火薬、紙などが生み出されましたが、そうしたこともありませんでした。近いところでは産業革命やコンピュータによるＩＴ革命のようなものも、日本では起こらなかった。ですが、それらを組み合わせて改変していくことはとても上手くやります。

おそらく律令も、日本人にとってそういう存在だったのでしょう。実態に則していなかったため、自分たちに合うよう工夫していったわけです。

摂関政治の実相

もっとも『文明としてのイエ社会』では、次のようにもっと厳しい見方をしています。

律令国家は、あまりにも異質な二つの社会組織原則のあまりにも性急な接着の試みであった。一方ではそれは、（中略）大和朝廷の体制的基盤を強引に解体するという結果を伴った。他方では、日本社会の現実の中にはその対応物を持たぬ中国の律令を、ほとんどそのままの形で日本に導入しようとした。（中略）律令国家は、急速にそしてほとんど不可避的に、機能不全と解体の徴候を示すにいたる。班田収授の実行はたちまち困難となり、過重な税負担に抵抗する人民の逃亡や浮浪はあいついで発生した。（同書、二八六頁）

そうなると公平な試験による才能の登用などは二の次、三の次で、ほとんどあり得ない事態と言えるでしょう。そこで、いわゆる貴族たちを束ねて政治を行うべく登場したのが摂関政治だったのかもしれません。

摂関政治の主役は藤原氏です。まず藤原氏の男性が、天皇に自分の娘を娶《めあわ》せます。そして天皇と娘の間に子どもができると、その子どもを次の天皇に据えます。しかし、天皇が子どもでは政治はできません。そこで子どものお祖父さんである男性が摂政となり、天皇の代わりとして政治を行うのです。これがもっとも典型的な摂関政治のあり方です。

このように書くと、摂関政治がいかにもシステマティックであるかのように感じられますが、実際はまったくそうではありませんでした。摂関政治は、治暦《じりゃく》四(一〇六八)年、後《ご》三条《さんじょう》天皇の出現によってたちまち崩壊の危機を迎えるのです。というのも、この当時、後三条天皇を天皇にするしかないほど、藤原氏にとって都合のいい天皇候補者が枯渇《こかつ》してしまう状況が生み出されたからです。後三条天皇は一七〇年ぶり現れた、母親が藤原氏では「ない」天皇でした。つまり摂関政治は、母親が藤原氏ではない天皇が現れたというだけで揺らいでしまう、きわめて不確実性の高い政治形態だったということです。

さらに言うと、天皇になる直前の後三条と相対したのが藤原頼通《よりみち》という人でした。頼通は平等院鳳凰堂《びょうどういんほうおうどう》をつくった人としても知られていますが、もう一つ政治的に重要なのは、父である藤原道長《みちなが》とともに摂関政治の全盛期を現出した人とされていることです。この人は長命だったということもありますが、摂関政治は全盛期と言われたすぐあとに、危機を迎えたことになります。これは、通常の政治ではあり得ないことです。

権力というのは次第に成熟して全盛期を迎えると、次第に衰《おとろ》えていくものです。この「次第に」というところがミソであって、通常はそのような道筋を辿るものです。例外的に権力が急速に衰退するとしたら、外国から敵が攻めてくるとか、天変地異が起こるとか、そのような予想がつかない突発的な事件が起こった場合ですが、このケースはそうではありません。同様に、何かが始まるときも、理由もなく劇的に始まることはありません。

繰り返しになりますが、摂政や関白になったから天皇に代わって政治ができるのではなく、天皇の母方のお祖父さんだから、「家」の長として天皇を庇護《ひご》する立場の人間だから政治を行えるのです。そのような立場にふさわしい名称として摂政、関白というものが当てられたのですから、摂関政治は「家」というものに起点があると考えられます。

この時期の貴族社会では、まだ「家」というものが確立し、しっかりと機能していたわけではありません。その証拠に私たちは当時の人々を呼ぶとき、意識せずに「の」をつけている場合があります。例えば藤原道長は「ふじわらのみちなが」であって、「ふじわらみちなが」ではありません。そして「の」をつけた場合の藤原とは、藤原氏《うじ》のことを指します。つまり、私たちは無意識のうちに彼らを氏《うじ》社会の人と認識しているのです。

しかし実際には、すでに藤原氏《うじ》は南・北・式・京の四つの家を内部に抱えており、藤原氏《うじ》内のそれぞれの家同士で、摂関政治に必要な宮や親王を奪い合っていました。こうした実情を知ると、まだ完全に確立はしていないけれど、やはり母方の色彩を強く帯びた「家」の継承というものが、中身のない「地位」より重要だったということが、ここでも少しずつですが浮かび上がってきます。

「招婿婚」の矛盾とは

日本に「家」社会が登場し始めるのは、一一世紀の東国＝関東地方と考えられています。その当時、朝廷が支配力を保ち摂関政治を繰り広げていた京都を中心とする西日本は、一部に「家」の萌芽《ほうが》が見え始めたとはいえ、全体にはまだ氏社会でした。

それが色濃く表れているのが、「招婿婚《しょうせいこん》」という婚姻形態です。これについて女性史学の高群逸枝《たかむれいつえ》は、招婿婚は妻問婚《つまどいこん》・婿取婚《むことりこん》の総称であり、「形態的には、男子が女子の族または家に招かれ、通ったり住んだりの婚姻生活をおこなうこと、(中略)機能的にはそうした婚姻生活によって女子の族または家に子女を生む、すなわちその族または家の成員を生殖することが主たる要件である」と規定しています(『招婿婚の研究』、二六頁)。

そして摂関期から院政期にかけての招婿婚については、「純婿取婚《じゅんむことりこん》」という言葉を用いています。つまり、「純」という言葉を当てることが適切と思えるほど典型的な婿取婚の形態であったということです。高群の「招婿婚研究」および「日本婚姻史」の純婿取婚の節には、『小右記《しょうゆうき》』『権記《ごんき》』を始めとする五十余点の日記から、朝廷社会における多数の婿取婚の有り様が例示されています。それを見ると、例えば「藤原道長が娘・寛子を敦《あつ》明《あきら》親王と娶せた」とあります。これは実態としては「道長が敦明親王を婿に取り、自邸で夫婦生活をさせた」ということなのです。

招婿婚の様子が描かれた『伊勢物語絵巻』(和泉市久保惣記念美術館蔵)

また、『源氏物語』にも見られるように、舅《しゅうと》となる貴族男性は公然と婿取りをしており、婚姻＝父親の婿取りでした。そして、その貴族男性の実子である息子たちは実家を出て、他家に婿に出ることが一般的でした。相続については男系も女系もあり、どちらかに定まっていたわけではありませんが、女性の家で長く夫婦生活を送った場合には、婿が女性とともにその家を継ぐことも珍しくありませんでした。また離婚して男性(婿)が他家に移り、女性が実家に残った場合には、女性がそのまま実家を継いで娘夫婦と暮らしました。

生まれた子どもの帰属については、氏族的には父系に——つまり父親の氏を継ぎ、家族的には母系——つまり母方の家族として暮らす、という原則でした。したがって、道長のように多くの娘を入内させた家には、宮や親王が一緒に暮らしていたことになります。

僕は、「家」というものを前提に考えたとき、この招婿婚（婿取婚）は不完全なものだったと思います。つまり「家」社会が生まれてくるまでの大きな変化の中で、過渡期として存在したものであり、非常に大きな矛盾をはらんでいたと思うのです。

招婿婚の一番の矛盾は、やはり、系図の問題でしょう。「家」の継承として、本当の意味で招婿婚があるのならば、家はお祖母さんからお母さんへ、お母さんから娘へという形で女性によって受け継がれていくべきです。ところが、招婿婚が盛んに行われていた時期も、天皇家やそのほかの貴族の家は、男性によって受け継がれています。この矛盾があるということは、招婿婚が基本的に完成形ではなく、そうした招婿婚に乗っかった形での摂関政治もまた矛盾をはらんでいたということになるのではないでしょうか。

上皇はなぜ偉いのか

摂関政治を乗り越えてというよりも、摂関政治が倒れたことにより、「院政」が登場します。院政については次の章で詳しく触れますが、歴史学では院政が始まったことで古代が終わり、中世が始まったとされています。

理由は、院政期における上皇が「公地公民」という律令制の根本的なタテマエを摂関家以上に踏みにじり、半ば公然と荘園を皇室の下に集めたことによります。その手法は、六勝寺《ろくしょうじ》(寺の名前に勝の字がつく六つの寺。皇室が建てた寺が多い)などの寺院を、いわばトンネル会社のように使い、これらの寺が寄進を受ける形で皇室領を拡大するというものでした。こうして律令制が終焉《しゅうえん》を迎え、「荘園・公領制」が実質的に支配システムになったという意味で、院政の始まりを中世の開闢としているのです。

僕は、必ずしもこの考え方に与《くみ》するものではありませんが、院政が古代氏社会から中世家社会への転換点であったことは確実だと考えています。それは荘園の問題ではなく、政治や経済を担う主体が「氏」から「家」へと変わったことが明らかになったという意味で、本書のテーマである「地位より家」を体現しているからです。

天皇と上皇のどちらが偉いかと言えば、上皇です。こう言い切れるところに院政のカギがあります。上皇が政治の権力を持つのも、摂関政治とまったく同じ仕組みです。上皇という「地位」が先にあるのではなく、天皇のお父さんあるいはお祖父さんだから政治の権力を持つことができるのです。

つまり天皇家の家長である、あるいはその代表であるという立場を拠り所にして、上皇は天皇の代わりに政治を行うのです。これは摂政関白と同様で、天皇の補佐役ではなく、天皇の代わりです。天皇の代わりに権力を持つ人がいる、そういう人を上皇と呼ぶ、という順番なのです。天皇家のお父さん、お祖父さんであり、天皇より目上であるという「血のつながり」を根拠に政治を行う。そういう人を何と呼びましょうかとなったとき、初めて上皇という「地位」が出てくるということです。

こうしたことを可能にしたのは、「家」というものを人々が認識していたからにほかなりません。そして、これこそが日本史の肝《きも》なのだ、というのが僕の考え方です。日本中世における議論の焦点は、将軍と天皇はどっちが偉かったのかということです。これについては、たしかに将軍は実力者だが、将軍を任命するのは天皇だから天皇のほうが上だ、と言う人が主流派です。

しかし、天皇が任命するといっても、与えるのは紙に書いた「地位」にすぎません。朝廷は軍隊を持っていませんから、軍を与えて「この軍を指揮する将軍になりなさい」というのではありません。与えられるのは、中身が空っぽの「地位」だけです。源頼朝も足利尊氏《たかうじ》も徳川家康《とくがわいえやす》も武家の第一人者になったことで将軍という「地位」を手にするのですが、それはすべて彼らの実力であり、その過程に朝廷は何の関与もしていないのです。

こういうわけで、僕は天皇より上皇が上であるように、天皇より将軍のほうが上だったと思っているのですが、このことについてはおいおい本書で述べていきますので、次章はもう少し天皇と上皇について詳しく見ていきましょう。

第二章　持統天皇はなぜ上皇になったか？

上皇は日本ならではの存在

先の天皇の生前退位が提起され、実際に退位するとなったとき、どのようにお呼びするかが議論になりました。僕たちのように歴史を研究している人間や、歴史を少しでもかじった人は、「何をいまさら、そんなことを考えなくてはいけないのか」と思ったに違いありません。日本は古来、譲位された天皇は太上《だいじょう》天皇、すなわち上皇とお呼びしてきたからです。

結局、上皇という称号に決まったわけですが、今度は皇后陛下が上皇后という僕たちにはよくわからない称号になってしまいました。これも古くから皇太后《こうたいごう》という称号があると思うのですが……。

このとき、もう一つ問題になったのは、上皇の位置づけです。調べてみると、多少の例外はあるのですが、世界に日本の上皇のような存在はほぼありません。現在もヨーロッパには多くの王室があり、ここでも王様はごく当たり前に生前退位をしますが、生前退位をした王様はただの人になるだけで、呼び方も「先の王様」(英語ではretired king)です。

もちろん王様という地位にいたのですから、尊敬もされますし、先の王様として何かしらの活動もするのでしょうが、それはあくまでも余生であって、仕事や義務といったものではありません。王様をやめたら、ただの人というのが基本なのです。

歴史を見たとき、非常に大きな力を持っている王様がいた場合、王様は死ぬまで王様であることが通常です。いくつかの例外はありますが、基本的にあくまでも例外として片づけられる話でシステムとしては存在していません。「先の王様」が権力を握り続ける、あるいは王様でいたときよりも大きな力を持つということがシステム化されているのは、日本以外ではベトナムの陳朝《ちんちょう》にあっただけです。

一方、歴史上の日本の上皇は、ただの人ではありません。天皇より強い権力を持っていました。現代では自明のことですが、上皇と天皇のどっちが偉いのかと言えば、もちろん天皇が偉いわけです。偉い人が死んで花輪が天皇からも、上皇からも来たという場合、おそらく天皇の花輪を先に飾ることになるだろうと思います。

ですが、歴史的には上皇のほうが偉かったことが如実に示されるのは、路頭礼《ろとうれい》です。牛車に乗った天皇と上皇がばったり出会ったとき、上皇は天皇が頭を下げるのを待っていました。路頭礼は律令に規定されていたわけではありませんが、不文律として定着していました。

また、朝覲行幸《ちょうきんぎょうこう》という行事がありました。これは、天皇が上皇にご機嫌伺いに参上する儀式です。上皇の御所に天皇が到着すると、上皇が出迎えに出ることもあるのですが、そのときに「ご機嫌いかがですか」と言って先に頭を下げ、礼を表わすのは天皇の側なのです。それに対して上皇は鷹揚《おうよう》に「いつも元気にやらせてもらっています」ということを言うわけです。これも上皇のほうが上であったことを示すものです。

第一章でも説明したように、これは上皇という「地位」の問題ではなく、天皇家の家長である、ということが重要です。つまり、天皇のお父さんであったり、お祖父さんであったり、叔父さんという場合もあったりするかもしれませんが、天皇家の中で目上の存在として、上皇に権威があったわけです。

持統朝という転換点

こうしたことを踏まえた上で、考えてみなければならないのが、史上初めての上皇となった持統《じとう》天皇の存在です。一口に上皇と言っても、この当時の上皇は院政を敷いた平安末期の上皇とは大きく違います。持統天皇が上皇になったのは、一五歳で即位した文武《もんむ》天皇の補佐が最大の目的でした。

持統天皇は天智《てんじ》天皇の娘であり、天智天皇の弟である天武《てんむ》天皇の皇后でもありました。持統天皇の生涯はまさに波乱に満ちたものでしたが、それは歴史に翻弄《ほんろう》された弱い女性のそれではなく、自らの政治上の使命に向かって突き進んだ、決然とした生き方と言えるものです。

壬申《じんしん》の乱は、天智天皇が崩御したのち、その嫡男である大友《おおとも》皇子と、天智天皇の弟である大海人《おおあま》皇子(天武天皇)との間に勃発した、古代日本最大の内乱です。もちろん鸕野《うの》皇女(持統天皇)は夫である大海人皇子と行動をともにしました。

この戦乱は、結果的に皇女の異腹の弟である大友皇子が自ら命を絶つことで終息し、大海人皇子が天武天皇として即位しました。そして、その後皇后となった鸕野皇女も積極的に政治に参画し、節目において発言したことが伝えられています。特に父親である天智天皇が目指した律令の制定には熱心であり、制定作業を推し進めたそうです。

皇后はその過程で、朱鳥《しゅちょう》元(六八六)年に天武天皇が崩御すると、自らの姉であり、同じく天武天皇の妃であった大田《おおた》皇女の子である大津《おおつ》皇子を捕らえて自殺に追い込み、自らの子である草壁《くさかべ》皇子を皇位継承者としました。ところが草壁皇子は、父の殯《もがり》が明けると同時に急逝《きゅうせい》してしまいます。草壁皇子には軽《かる》皇子（文武天皇）という嫡男がいましたが、このときまだ七歳でした。そこで皇后は、皇子の成人までの中継ぎとして自らが即位することを決意するのです。

持統四（六九〇）年一月一日に即位した持統天皇は、父である天智天皇と夫である天武天皇が目指した律令国家建設への施策を次々に実現していきました。まず、即位の前年には日本初の「令《りょう》」である「飛鳥浄御原令《あすかきよみはらりょう》」を施行しました。続いて即位の年には、飛鳥浄御原令に基づいた戸籍（庚寅年籍《こういんねんじゃく》）を完成させ、班田収受制《はんでんしゅうじゅ》に向けた土台をつくりあげました。さらに持統八（六九四）年には中国の都城を模した藤原京を完成させ、遷都します。

そして文武元（六九七）年、ようやく念願叶って軽皇子が即位し、文武天皇が誕生すると同時に、持統天皇は太上天皇すなわち上皇となって一五歳で即位した文武天皇を補佐していくのです。

天皇家の直系家族化

持統天皇が執念とも思える情熱で追求した政治上の使命は、主に二つあったと考えられます。その一つは、やはり父と夫がともに追い求めた律令制に基づいた統一国家の建設です。大宝《たいほう》二（七〇二）年に「律」と「令」を兼ね備えた「大宝律令《たいほうりつりょう》」が施行される前年、持統天皇は粟田真人《あわたのまひと》らを遣唐使に任じています。天智八（六六九）年以来、三二年ぶりの遣唐使派遣でした。このとき、日本は中国に対して初めて「日本」という国号を使用しており、ここに天智、天武、持統という三代の天皇が目指した律令国家「日本」の成立を見ることができます。

そしてもう一つの目的としたのが、天皇氏《うじ》による皇位の継承を、中国に倣《なら》って親から子への「長子相続」とすることにあったと考えられます。天智・天武の前時代の天皇家の家系図を見ると、欽明《きんめい》天皇の後にはその子どもたちが、敏達《びだつ》、用明《ようめい》、崇峻《すしゅん》、推古《すいこ》と続き、さらに敏達朝からは舒明《じょめい》、皇極《こうぎょく》（斉明《せいめい》）、孝徳《こうとく》というように兄弟姉妹が次々に天皇になっています。

こうした流れにはいくつかの理由がありましたが、その一つは、天皇の即位が当時の有力氏族（豪族）の合議によって決められていたという事情です。そのため、兄弟姉妹それぞれが豪族との関係によって次の即位に推されていたのです。大臣《おおおみ》、大連《おおむらじ》（ともに執政を補佐する役職）を担うような有力氏族は、それによって権力に近づいたり、遠ざかったりしていたわけです。

中大兄皇子《なかのおおえ》（天智天皇）が起こしたと伝えられる「乙巳《いっし》の変（大化改新《たいかのかいしん》）」では、こうした事態を改めることも大きな目標とされていました。そして、このときに範としたのが、中国の長子相続という世襲の形だったのです。その理由をフランスの歴史人口学者のエマニュエル・トッドの説を借りながら説明しましょう。

長子相続への移行

歴史人口学では、もっとも古い家族の形態は「核家族」だと考えています。核家族では、子どもたちは結婚すると、独立した世帯を創設しなければなりません。そして両親が死ぬと、遺産はすべての子どもたちの間で平等に分けられます。生まれた子どもたちは年長者が偉いということはなく、対等の関係になります。

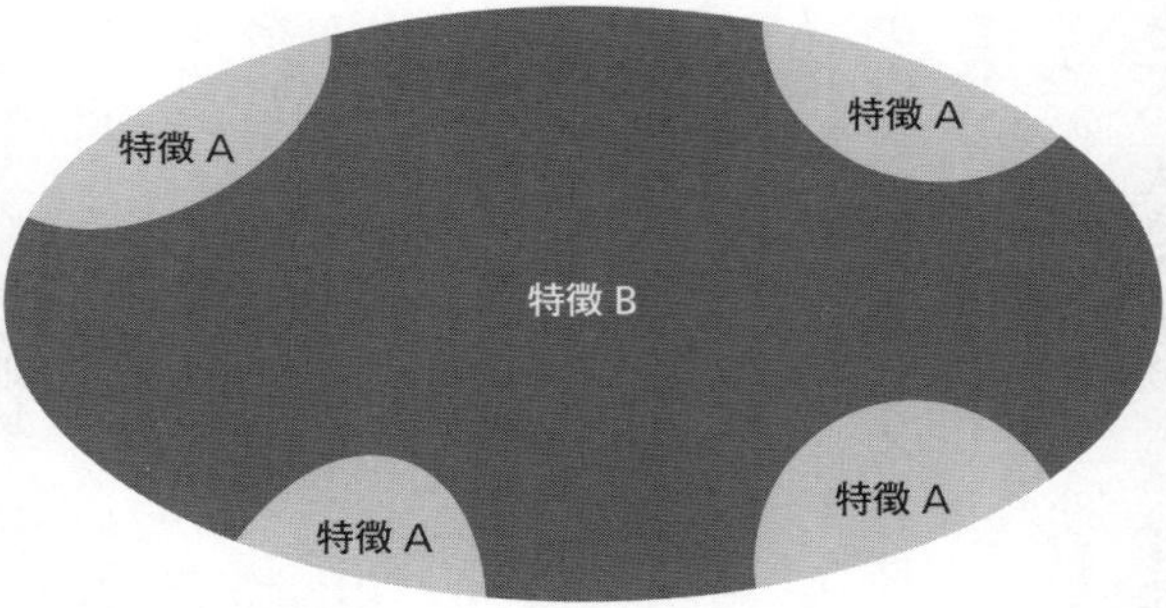

周縁地域への伝播パターン
旧い形態（「特徴A」）は、新しい形態（「特徴B」）の出現とともに周縁部へと広がっていく（エマニュエル・トッド『家族システムの起源Ⅰユーラシア上』をもとに作成）

核家族は人類にとってもっとも古い形態ですから、当然もっとも古い歴史を持っている地域に現れることになります。ヨーロッパで古い歴史を持っている地域はギリシャ、ローマですから、そこに核家族が現れ、東アジアでは中国が最初でした。

その次の形態は「直系家族」です。直系家族では、子どもたちが成年に達すると、彼らの内の一人が唯一の跡取りとして指名され、親の家にとどまります。そして跡取りになった者が、親の資産のほとんどを受け継ぎます。多くの場合、それは男子の最年長者です。つまり親と子どもの世代が一対一対応で縦関係の家族を築くということになります。

儒教が盛んな地域では、長男はきわめて重要な存在です。しかし、末の男子や女子が跡取りになるケースもないわけではありません。たとえば草原で生活を営む遊牧民は、最初に生まれた子どもたちから順々に家畜を分け与えて独立させていくので、末子が両親の跡を継ぐことになります。こうした末子相続はほかの地域でも見られます。

この直系家族も、まず中国に現れ、ギリシャ、ローマにも現れました。すると、それらの地域にあった核家族という形態が、中国やギリシャ、ローマと深い関係を持っていた周縁部へと広がっていきます。中国であれば朝鮮半島、日本、ベトナム。ギリシャ、ローマであればドイツ、イギリス、フランスへと広がっていくのです。

三番目の形態が「家父長(共同体)家族」です。この形態では、すべての男子は結婚しても親の世帯に残り、自らの妻をこの世帯に組み込みます。一方、女子は両親の世帯を出て、夫の世帯に合流しなければなりません。父親が死ぬと、兄弟は平等主義的なやり方で遺産を分配し、別れます。

この共同体家族は、父母のもとに、長男、長女、次男、次女がそれぞれ配偶者を連れてきて、大きな家族を営みますから、よほど豊かでなければできません。そういう家族を先んじて生み出したのはやはり中国であり、ギリシャ、ローマでした。このとき直系家族は、朝鮮、日本、ベトナムへと展開されていき、核家族はそのさらに周縁の地域へと展開されていくわけです。

僕は、このトッド理論から大きなヒントを得ました。天智・天武・持統時代の日本は、いよいよ氏族社会を脱し、中国を範とした律令国家に移行しようとしていました。日本はまさに中国をターゲットとしたキャッチアップの真っ最中です。これは逆に言うと、中国という中心から日本という周縁部へ、文化が伝播《でんぱ》しようとしていたということでもあります。その意味では、日本が天皇氏の新しいスタイルを模索しているとき、すでに先進国であった中国の長子相続を導入しようとしたのは必然だったのではないでしょうか。

こうして持統上皇たちの涙ぐましいまでの苦しいやりくりが始まります。慶雲《けいうん》四(七〇七)年に文武天皇が二五歳で崩御するのですが、即位を期待されている首皇子《おびと》(聖武天皇)はまだ七歳です。ここで皇室は、前例のない継承を行いました。なんと亡くなった文武天皇の母である阿閇《あへ》皇女が即位し、元明《げんめい》天皇となったのです。

しかし皇位の重圧に苦しんだ元明天皇は、霊亀《れいき》元(七一五)年、皇位を娘の氷高《ひだか》内親王に

天皇系図1（数字は皇統譜にもとづく代数）

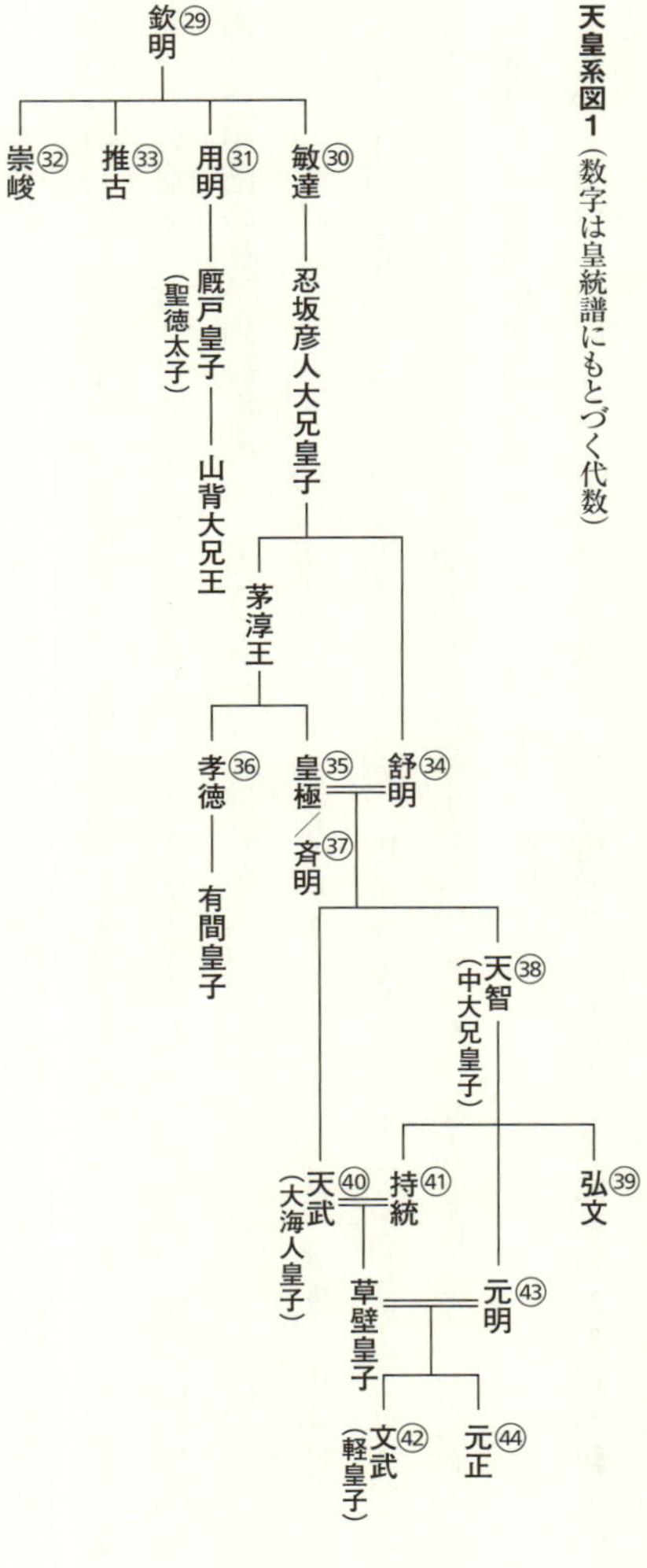

譲り、元正《げんしょう》天皇を誕生させました。こうして史上初めて、未婚の女帝である元正天皇が登場するのです。このあたりに、当時一四歳で皇太子に立てられた首皇子に、なんとしても皇位をつなげなければならなかった天皇家の人々の苦衷を窺《うかが》うことができます。

しかし、このときの異例ずくめの皇位の継承は、いかにもアクロバティックに見せながら、一つの筋だけは通っていました。それは、系図を縦に戻ることはあっても、決して横には動かさなかったということです。当時の皇室は、長子相続の実現に苦しみながらも知恵を絞り、必死に次代へと希望をつなげたのです。

「氏」から「家」へ

この同時期に、律令国家の成立の裏側で静かに進行していたことがあります。まだ生まれたばかりの藤原氏《うじ》が、着々と栄華への礎《いしずえ》を築こうとしていたのです。天智八（六六九）年、中臣鎌足《なかとみのかまたり》は死の床において天智天皇から「藤原」の氏名《うじな》を賜《たまわ》りました。当初、この氏名は鎌足の子の不比等《ふひと》だけでなく、鎌足の従兄弟の子に当たる意美麻呂《おみまろ》らにも継承されました。

しかしその後、代々朝廷の祭祀《さいし》を司ってきた中臣氏を残すために、意美麻呂らについては元の中臣氏に復帰させ、不比等だけが藤原を名乗って官人となったのです。このとき、朝廷内にいた藤原氏は不比等一人でした。

不比等は律令の制定に大きな役割を果たしたことで皇室の信頼を獲得し、文武天皇に娘の宮子《みやこ》を入内させます。さらに不比等は文武天皇と宮子の間に生まれた聖武《しょうむ》天皇にも娘の光明子《こうみょうし》を入内させ、人臣の身（皇族以外）としては初めての皇后としたのです。のちに栄華をきわめる藤原氏の基礎は、この時期に築かれたと言えます。

ここに加わるもう一つの要素として、氏社会から家社会への転換を考える上で、重大な事態がこの時代に起こりました。それが、律令に加えられた「蔭位《おんい》の制」です。律令以前の貴族の地位の継承は、傍系親を含む「氏《うじ》」の代表が氏上《うじのかみ》として朝廷に仕える形となっていました。それが蔭位の制では、父の位階に応じて子に位階を授ける形になったのです。

これにより、不比等の四人の息子はいずれも三位以上に昇進するとともに、おのおの公的な「家《いえ》」を持つこととなりました。これが「藤原四家」の起源であり、まさに日本社会における「氏」から「家」への転換の始まりの始まりだったと言えます。

藤原氏はなぜ台頭したか

藤原不比等の息子、武智麻呂《むちまろ》、房前《ふささき》、宇合《うまかい》、麻呂《まろ》の四兄弟は、有力皇族であった長屋王《ながやおう》を自害に追い込んだ「長屋王の変」を経て、皇族以外の身では初となる皇后として、自らの異母妹である光明子を立てます。このことが、天皇家と藤原氏、そして藤原氏以外の貴族たちとのその後の関係を決定したと言っても過言ではありません。

天平《てんぴょう》九（七三七）年に発生した天然痘《てんねんとう》の大流行によって、藤原四兄弟は全員がその犠牲となります。それによって橘諸兄《たちばなのもろえ》や吉備真備が聖武天皇を支えて政治を行う時代を迎えますが、やがて南家の仲麻呂《なかまろ》（恵美押勝《えみのおしかつ》）が台頭してこれらの勢力を抑えます。この仲麻呂も道鏡《どうきょう》の出現によって失脚し、死に追いやられます。

こうして一旦は朝廷における立場を失ったかに見えた藤原氏ですが、天皇家と藤原氏の関係は特別なものでした。平安時代に入り、藤原良房《よしふさ》は弘仁《こうにん》一四（八二三）年、やはり人臣の身としては初めて嵯峨天皇の皇女であった源潔姫《みなもとのきよひめ》を正室として迎えました。そして、潔姫が産んだ明子《あきらけいこ》を文徳《もんとく》天皇に入内させ、その皇子である清和《せいわ》天皇の外戚《がいせき》として、これも人臣の身としては初めて摂政の座に就いたのです。以降良房の子孫たちは続々と摂政・関白となり、藤原北家全盛の時代を築きました。

これが摂関政治への道筋ですが、これを可能にした要因の一つとして、やはり招婿婚という家族の形があったと考えられます。日本の朝廷には、中国のように厳重に管理された、本来の意味での「後宮」がありませんでした。後宮がなく、しかも招婿婚が一般である場合、天皇の世継ぎ(皇太子)となる人は母方の実家で出産、養育されることになります。

こうした「家族」のあり方を利用したのが摂関政治と言えますが、その基盤となったのは、やはり不比等が娘を文武天皇、聖武天皇に続けて入内させたことにありました。天皇家との縁戚関係を持つこと自体は、ほかの上級貴族でもあったことですが、親王、内親王、皇太子を自らの「家族」として取り込むというあり方をいち早く実践し、その「家族」の長である「外戚」として権力を確立した藤原氏(北家)には、ほかのどの氏族も太刀打ちできなかったのです。

このように、摂関政治の基盤は招婿婚を利用した「家族」にありました。しかし「家族」の時間というものは、個々の人間の寿命とほぼ重なるものであり、それがいかに強くても人の命とともに消えてしまうものです。しかもこの家族の絆の背景となっていたのは、当時すでに実質を失っていた「氏《うじ》」でした。

結局この「氏」と「家族」の弱点を克服し、次の時代の扉を開けたのは「家」でした。

そして最高権力の場でこれを最初に活用したのが院政です。「家族」における外戚を超えるものとして、「家」の長としての上皇が朝廷のリーダーとして力をふるえるシステムを、天皇家自身が生み出していったのです。

持統上皇は、日本にまだ「家」というものの姿がはっきりと見えてこない時期の上皇でした。このときの上皇の狙いは、氏族連合であった大和朝廷を脱し、天皇を頂点とした統一国家を建設するため、天皇の即位についてほかの有力豪族の干渉を排除しなければならないということ、そのために中国で行われていた長子相続による世襲の原則を形にしなければならないということにあったと考えられます。繰り返しますが、このときはまだ天皇＞上皇で、上皇は天皇の補佐役でした。

実際、持統上皇とその跡を継いだ人々は、その道を突き進みました。しかし、その苦闘の陰で、藤原氏という新たな挑戦者が台頭しようとしていた。それが、「地位」と「家」、そして「世襲」という視点から見たこの時代だったのではないでしょうか。

第三章　鎌倉武士たちはなぜ養子を取ったか？

「職の体系」とは何か

平安時代後期には、摂関政治から院政へと朝廷政治の舞台は移っていきました。この政治劇の主役たちが追い求めた権力の実態は何だったのでしょうか。朝廷で起こっていたことは、単に天皇の取り合いだったように見えます。そうした政治行動と実際の権力とは、どのようにつながっていたのでしょうか。

貨幣も流通していなかった古代の日本の人々にとって、何よりも価値があったのは土地でした。土地と土地から生み出される収穫物(米)、あるいは土地に課せられた税、それらが人々の生活の基盤であり、為政者にとっては権力の源泉でした。

そのように価値のあるものですから、土地は政治や戦争で功績のあった人に褒美として与えられることもありました。その場合、現代の感覚では、与えられた土地の権利は、すべて受け取った人のものになると考えます。実際に現在の日本では、法務局や自治体の役所にそれを裏づける書類があり、土地の持ち主の権利が保障されています。しかし、こうした個人の権利の保障は、そもそも国全体を統治している日本政府という巨大な権力の存在によって、初めて可能になっているのです。

古代、中世という時代の日本には、そのような大きな権力は存在しませんでした。そこで自然発生的に生み出され、定着したのが「職《しき》の体系《たいけい》」というシステムです。本来律令制で行われていたのは、戸籍に基づいた人への課税でしたが、農民の逃散《ちょうさん》などにより、これは早期に崩壊してしまいました。そこで、人への課税から土地への課税への移行が進められたのです。

すると、まとまった土地(これを「名《みょう》」と言います)ごとに農業経営や徴税、さらには治安の維持などを請け負う人々が現れました。この人々が次第に力をつけていくと、やがて自ら土地を開拓して生産する開発《かいほつ》領主となっていきます。この開発領主の子孫が在地領主です。しかし、彼らの所有権は律令制の官吏である国司から脅かされることが度々であり、その争いは次第に熾烈《しれつ》なものになっていかざるをえませんでした。

そこで在地領主は、国司に対して影響力を持つ有力者に頼ることで、自分たちの土地(荘園)を守ることを考えました。頼るには、もちろんしかるべき見返りが必要です。それが「寄進」です。寄進は一種の名義貸しです。在地領主は自分の土地を、国司が簡単に手を出せないような中央の有力者や寺社などの名義にすることで国司の攻撃をかわし、有力者

職の体系	本家	皇族、摂関家、藤原本家、大社寺。国司より上位の国主に対しても、租税を免除させたり、干渉を拒否したりする特権を持つ。
	領家	有力貴族や有力寺社。国司に対して影響力を行使することで、下司を保護する。その見返りとして年貢から一定歩合を得る。
	下司（在地領主）	現地で土地を管理する、荘園を開拓者やその子孫。国司の影響をかわすために、荘園を領家、本家に「寄進」（名義貸し）し、見返りを払う。

「寄進地系荘園」における「職の体系」

や寺社はその見返りとして毎年、年貢のうちの一定歩合を得るのです。この有力者たちを「領家《りょうけ》」と言います。

そうなると、朝廷も税収確保のため、国司により広範な権限を与えて対抗したので、やがて領家層は皇族や摂関家などさらに上位層に寄進するケースが現れてきました。この上位層を「本家《ほんけ》」と言います。

現地で荘園の管理や収穫などの実務を行う在地領主は、「下司《げし》」と呼ばれていました。この本家→領家→下司（在地領主）と連なるシステムを職の体系と呼んだのです。この場合の「職《しき》」は、三者がそれぞれ保有する権利のことを指しています。

職の体系は、東国を中心とした地域の開拓が進んだ一一世紀頃に現れ、次第に確立していきました。それは、摂関政治の全盛期から院政に向かう時代に当たります。つまり摂関政治や院政の勝者は、この「職の体系」の頂点に立つことになります。そしてそれこそが彼らの経済力を高め、ひいては権力の拡大へと向かわせる原動力となっていったのです。

特に延久元《えんきゅう》(一〇六九)年に出された「延久荘園整理令《えんきゅうしょうえんせいりれい》」は、院(上皇)の荘園に対する規制や監督権をこれまでになく高めるものだったため、上皇への寄進が急増しました。その後の鳥羽院《とばいん》をはじめとする院政の栄華はこれによって実現したといっても過言ではありません。

「職の体系」と「荘園・公領制」

下司は現地におけるキーマンです。その荘園を開拓した人々や、その子孫ですから、土地の実効支配権を持っているのは彼らです。実効支配権には、農民を指導・管理すること、年貢を集めること、外敵から農民や農地を守ることなどが含まれます。下司の下には公文《くもん》、田所《たどころ》などの職員がいて、彼らを指揮して職務を行いました。土地をしっかり管理した上で、年貢を取り立てて、名義貸しの取り分を京都へ送るのです。

一方、領家となった貴族や寺社に求められた働きは、下司の現地での土地の所有権を妨害しようとするものをできるだけ排除することでした。具体的には、その土地を奪おうとする国司の動きを押さえ込むために貴族たちは働きます。したがって、領家になるような貴族は、国司を黙らせることができるぐらいの地位にあったということです。

しかしときには、国司のさらに上位の国主《こくしゅ》と対立する場合もあります。これは一国の知《ち》行《ぎょう》権《けん》全体を獲得した有力貴族や有力寺社のことで、「知《ち》行《ぎょう》国《こく》主《しゅ》」と言います。知行国主は自分の縁者を特定の国の受領《ずりょう》(実際に現地に赴く国司)に任命でき、その受領の給与や取り分を得るという特権を有します。

本来は、院宮家《いんぐうけ》(上皇、女院、皇后、中宮、東宮)にのみ与えられていた制度でしたが、一二世紀頃には有力貴族や有力寺社に広がり、特に院政期に急激に拡大しました。知行国主は、皇族に次ぐような有力者ですから強敵です。こうなると、領家では手出しができなくなる可能性があります。すると領家は、さらに自分より上位の有力者に頼ることになります。それが本家です。

本家になれるのは皇族あるいは摂関家、もしくは藤原本家の人たち、さらには皇族に連なる大寺社です。このクラスになれば、国主でも黙らせることができます。さらに院政期の上皇クラスとなれば、「不輸不入《ふゆふにゅう》」――つまり税も免除され、国司からの干渉を一切受けない特権を得る場合もありました。しかし、それだけの働きをしてくれるのですから、上がってくる年貢の半分を要求されるケースもありました。もちろん領家にも一定歩合を支払います。そうなると、現地の下司は本来の所有者であるにもかかわらず、手許に残るのは半分以下ということになってしまいます。

ちなみに、こうした寄進によって有力者の下に集められた土地を「寄進地系荘園《きしんちけいしょうえん》」と呼びます。また、在地領主の中には受領と話し合って契約を結び、あえて公領となる道を選ぶ者もいました。こうした場合、在地領主は郡司《ぐんじ》や郷司《ごうじ》などに任じられましたが、仕事の内容は荘園における下司と変わるところはありませんでした。こうして下司が支配・管理する荘園と、国司が支配する公領が国を二分する形で並立する状態を、歴史学者の網野《あみの》善彦《よしひこ》先生は「荘園・公領制」と名づけています。

在地領主にとっては、寄進地系荘園の場合も名義借りとは言いながら有力者の私領となるのですから、公領となって受領に税を納めても大きな違いはなかったと言えます。つまり、荘園も公領も、経営の実務は下司（あるいは郡司等）＝在地領主が担っており、その実態はほとんど同じだったのです。

職の体系における権利は、基本的に家単位で受け継がれていきます。つまり世襲です。下司の家、領家の家、その上に本家の家が重層的に配列された形で荘園の領有が行われていたという意味で、ここでも家が中心だったということになります。

また、繰り返しになりますが、こんな複雑な仕組みが必要になった理由は、「俺の力で日本国の土地所有は全部保障してやる」と言い切れる力を持った人、あるいは組織がなかったということにつきます。それは摂関政治に取って代わった、上皇による院政でもまったく同じでした。

白河上皇の三不如意

よく言われる話として、「白河《しらかわ》上皇の三不如意」というものがあります。「意の如《ごと》くならざるもの鴨河《かもがわ》の水、双六《すごろく》の賽《さい》、山法師の三つのみ」と嘆いたという逸話です。これは、上皇の思い通りにならないのはこの三つだけであることを強調して、上皇の持つ権力の大きさを強調したものと言われてきました。

しかし僕は、それはとんでもない話だと思います。「双六の賽」はサイコロの目のことですから、思いのままにならないというのはわかります。しかしあとの二つはどうでしょう。まず「鴨河の水」は水害のことを言っているわけですが、これが本当に日本の王者が言うことでしょうか。少し時代が下りますが、武田信玄《たけだしんげん》の信玄堤をはじめ優れた戦国大名の多くが自領の治水事業を行っています。戦国の一大名がやれることを、ときの最高権力者である上皇ができないとなると、当時の朝廷権力の限界がここに如実に表れているように思えます。せいぜい京都周辺程度にしか、天皇や上皇の力は及ばなかったということです。

鴨川でさえこんな状態ですから、全国的な土地支配など及びもつきません。強力な権力の不在が、本家、領家、下司、という複数階層の人たちが寄《よ》って集《たか》って所有権を保障する「職の体系」という複雑な仕組みを必要としたのです。

もう一つの「山法師」も、じつは土地(荘園)の話に絡みます。比叡山延暦寺の僧兵(山法師)が神輿《みこし》を担いで京の街になだれ込み、強訴を繰り広げたということですが、これは延暦寺に寄進された荘園への国司の介入をやめさせるための暴力的なデモンストレーションでした。僧兵はそれを「神意」だと叫んで押し通したのです。延暦寺のような大寺院においても、荘園の寄進はきわめて重大な関心事であったことがわかります。

武士団=原イエの誕生

このように摂関政治から院政期まで、権力争いの焦点が土地にあったことを述べてきました。しかし、皇族や有力貴族の生活はいまだ律令の遺制の中にあり、京の都で懐手《ふところで》をしながら、自分の目で見たこともない土地から、今年も年貢が上がってくるかと心配をしているだけでした。

そのとき全国各地の荘園、なかでも東国《とうごく》(現在の静岡県を含む関東甲信地方)の在地領主(下司)の間では自らの不安定な地位に対する不満が高まっていました。それが具体的な形となって現れてきたのが、国司の非道ぶりを朝廷に訴える「国司苛政上訴《こくしかせいじょうそ》」であり、在地領主と国司の激しい争いとなった「平忠常《たいらのただつね》の乱」です。特に平忠常の乱では、国司を焼き殺した上、およそ三年にわたる抵抗が続きました。

『文明としてのイエ社会』では、一一世紀の東国に「イエの原型」(原《げん》イエ)の基本形が成立したと述べて、「原イエとは、律令国家の支配体系（ないしその解体的土着型としての荘園・公領体制）から事実上独立したテリトリー（根本私領・名字の地）を中核とする開拓農場としての私領の上に築かれた一種の共同経営体である」（三〇五頁）と定義しています。同時に、僕の恩師である石井進が「館《たち》を中心とする開拓農場の別名であり、その政治的表現にほかならない」（『日本の歴史7　鎌倉幕府』、五八頁）と定義した「武士団」と、原イエとはほぼ同義であるとしています。

つまり、一〇世紀頃に東国に入植した開発領主（のちの在地領主）たちは一一世紀頃から武士団として、東国において一定の勢力を形成していったと考えられるのです。また石井進は、この武士団の東国での活動がとりわけ盛んになったのは一二世紀後半であるとして、この時期を関東平野の「大開拓時代」と呼んでいます。

これに先立つ一二世紀の前半には、頼朝の父親である源義朝《みなもとのよしとも》が京都から東国に下向し、少年期から青年期にかけて東国の武士団をまとめ上げ一大勢力を築きました。その後はこれらの武士団を率いて京に上り、鳥羽上皇に仕えて大きく躍進します。さらに保元《ほうげん》の乱では後白河《ごしらかわ》天皇方として勝利に大きく貢献し、平治《へいじ》の乱で敗死するまで東国武士の棟梁として勇名を馳せました。

平治の乱の敗北により、嫡男の頼朝は流人《るにん》の身となりましたが、父が東国で築いた地盤とともに朝廷において右兵衛権佐《うひょうえごんのすけ》まで昇った源家の貴種として敬われ、治承四（一一八〇）年に平家追討の兵を挙げると短期間で関東全土を平定しました。このとき頼朝は自らに従属する武士を御家人とし、「所領安堵《しょりょうあんど》」（領有している土地への保証）を与えました。

所領安堵、それこそ当時の東国武士が心の底から切望するものでした。僕はここで「東国武士」という言葉を使っていますが、彼らこそが在地領主＝下司にほかなりません。頼朝というのは、まさに在地領主にとっては自分たちの代表者として、自分たちと祖先が汗水流して開墾し、育て上げて、ときには命を賭して外敵から守ってきた土地を自分たちのものとして朝廷に認めさせてくれる、そのような存在であったのです。

主従関係の単位は「家」

文治元（一一八五）年に、頼朝は全国に守護と地頭を置くことを、後白河法皇に認めさせます。これによって、荘園体制の下司は地頭になっていきました。その結果起こったことは、たとえば「本郷の庄」にいた「本郷和人」は、朝廷の側から見ると本郷の庄の下司になります。ところが、本郷和人が鎌倉幕府に属する御家人であるならば、頼朝側から見ると地頭になります。つまり、見る立場によって呼び方が変わる。朝廷から見ると下司、鎌倉幕府から見ると地頭ということになります。

また、源平の戦いを通して明暗が分かれたケースもあります。特に西国においては多くの在地領主＝下司が新たに源氏と主従関係を結び、その結果として地頭に任じられていきます。もちろん最後まで平家について、滅びた家も当然あります。平家没官領《へいけもっかんりょう》と呼ばれたこれらの荘園は、全国で五〇〇余カ所あったと言われています。それは頼朝に与えられた、鎌倉幕府の最初の基本的な財産となりました。そして、そのほとんどに東国の御家人が地頭となって入っていったのです。

ただし、その地頭の上には当然のことながら、昔からの領家と本家が洩《も》れなくついています。したがって、地頭は土地のすべてをもらえるわけではありません。それでもほとんどの御家人が喜んで地頭になっていきました。それほど所領（新しい所領を与えることを新恩給与という）はこの時代、必要とされるものだったのです。

こうして頼朝が御家人たちとの間に結んだ関係を「主従関係」と言います。これは主人と家来の間の一対一の関係であり、以降展開されていく「武士の時代」はすべてこの主従関係が基本となります。大事なことは主従関係が「家」を単位とするものだったということです。

その理由は、先に述べたようにこの時代の権力争いの焦点が土地にあり、その土地は世襲によって家の中で受け継がれていくものだったからです。そのため、主従関係もまた土地とともに世襲されていきました。武家社会は、こうして「ツリー」のように世襲でつながる「家」を基盤として繁栄していくのですが、このことは、第六章で詳しく述べることにして、ここではもう少し「家」について考えてみましょう。

「家」の超血縁性とは

『文明としてのイエ社会』では、イエ型集団の基本特性として、①超血縁性、②系譜性、③機能的階統性、④自立性の四点を挙げています。中でも際立つ特性が①超血縁性であり、別の表現として「血縁なき血縁原則」という言い方もされています。この特性を見事に反映しているのが、日本における養子制度の広範な活用です。これについて少し考えてみたいと思います。

公家《くげ》の頂点に位置するのは近衛《このえ》家です。藤原本家から近衛家と九条《くじょう》家、近衛家からの分家が鷹司《たかつかさ》家、九条家から分家が出て二条《にじょう》家、一条《いちじょう》家となりましたが、家格は近衛家が一番上です。その近衛にも、天皇家から養子が入っています。これは、日本で最高に家柄がよいとされている貴族の家でさえ、血のつながりがないことは問題にならないということを示しています。

日本の家において、家業や名跡の継承のために養子――特に他人養子を多く取ることは、さまざまなジャンルにおいて認識されていますし、多くの日本人が特別の知識がなくても了解している「常識」と言えます。たとえば江戸期の大名家や大規模な商家の場合、主家の家系の断絶によって家そのものがなくなる事態は、家臣や奉公人にとって死活問題でしたから、何があっても避けなければなりませんでした。例えば、江戸期の福岡(黒田)藩は、秋月《あきづき》という支藩をつくっていました。五万石ほどの小さな藩なのですが、なぜ秋月藩をつくったかというと、本藩のほうには度々他家から養子を迎えているのです。黒田家の血をつなげるために秋月藩を残したのですが、本藩では血がつながっていません。五二万石という大きな藩でも、藩主の血がつながっていないことが公然の事実となっており、それでも家として成立していたのです。これが家の超血縁性です。

女系でつながることも、決して例外ではありません。江戸期の名君として知られている上杉鷹山《うえすぎようざん》は高鍋《たかなべ》藩主の次男でしたが、一〇歳で米沢《よねざわ》藩主の養子となりました。その際には、藩主上杉重定《しげさだ》の娘幸姫《よしひめ》を正室としています。

養子に込められた武家の意図

これくらい養子について理解のある日本人でも、さすがに現代の感覚では理解しがたい世界もあります。

『吾妻鏡』に出てくる逸話です。鎌倉時代の初期に葛西清重《かさいきよしげ》という武士がいました。関東では有力な武士で、現在の葛西近辺に住んでいました。頼朝は彼を非常にかわいがっていて、あるときに清重の館に遊びに行きました。すると、うら若い女性が何くれとなく身の回りの世話をしてくれます。少しばかり気持ちを惹かれた頼朝が、清重に「この方はどなただ」と尋ねたところ、「今日は頼朝様がわが家においでくださるので、近所の青女(年若い、庶民の娘)に手伝いに来てもらいました」と言います。『吾妻鏡』に書いてある話はそれだけなのですが、頼朝と一夜のちぎりがあったとそれとなく匂わせています。しかも驚くべきことに、『吾妻鏡』は、じつはその女性は葛西清重が娶《めと》ったばかりの若妻であったと暴露しているのです。これには、さすがに現代人はついていけません。

何種類かある葛西の系図を見てみると、大きく二つに分けられています。一つは葛西清重の子どもに朝清《ともきよ》という人物を配置する系図、もう一つは朝清を配置しない系図です。頼朝の「朝」に清重の「清」ですから、朝清という名前はいかにもと思わざるをえません。頼朝というよりも、葛西家がそう思わせたいという狙いが明白なのです。清重ほかの人物の事績は古文書などでも確認ができるのですが、この朝清だけは系図以外には実在する史料がない謎の人物だからです。

『吾妻鏡』の話に戻ると、仮に一夜のちぎりで主君頼朝の子どもができたら――しかもその相手が自分の妻だったら、清重はどうしたでしょう。おそらく、自分のほかの子どもを押しのけてでも、その頼朝の種を受けた子どもを葛西家の跡継ぎにしたと考えられます。それは葛西家という「家」の視点で見ると、「わが家は頼朝様の血を受けた家なのだ。これは大変な名誉である」ということになるからです。また、本気でそう考えているから、『吾妻鏡』に、それをあからさまに匂わせる話が書かれているのでしょう。

鎌倉時代の中期に北条家が『吾妻鏡』をつくると決めたとき、有力な御家人たちからそれぞれの家に伝わっている史料を集めたり、聞き取りをしたりしたと考えられます。その中で葛西家は、「わが家にはこういう話が伝わっております」とこの逸話を披露したのではないでしょうか。それが意味するところは、「わが葛西家には、頼朝様の血が入っているかもしれない」となるわけで、それは限りなく名誉なことだと考えられていたのです。

見えてくる「世襲の原理」

僕は以前別の本で、日本では「血」、すなわち世襲の原理が強い、と言いました。例えば、ある人が何かしら大きな権限を持っていたとして、そうした状態をオーソライズするものとして「地位」があるのは、私たちにもよく理解できる考え方でしょう。けれども本書でここまで見てきたように、「この人は誰々の子だから、あるいは誰々のお父さん、お祖父さんだから大きな権限を持っており、それを行使できるのだ」という考え方もあります。そして、日本では後者のほうが支配的であり、実際に社会を動かしてきました。

しかし、いま見たような養子の問題を考えると、この「血」は私たちが思っているような血ではないのではないか、ということに気づかされます。つまり、ここで言う「血」はDNAによる生物学的なつながりではなく、「葛西家には頼朝様の血が入っているかもしれない」というような関係性のことなのだと考えざるをえません。

言い換えれば、それは「家」のつながり、「家」の継続性のことなのです。だから養子が入ったところで大した問題ではありません。むしろそれによって「家」が栄えるのであれば、歓迎すべきことだと考えられていました。それを示すものとして、日本には、全国に貴種流離譚《きしゅりゅうりたん》というものが残っています。

そこでは身分の高い貴公子が都《みやこ》で何か失敗をして、田舎に流されてくる。すると田舎では村一番の名家がおもてなしをします。娘を接待に出すことも、大事なかつ当然のおもてなしです。その結果、娘に子どもができたということになれば、その子どもを大事に育てて後継者にする。その家からすれば、「うちはこんな田舎にいるけれども、じつは京都のやんごとなき方の血を受けているのだ」というプラスの話にこそなれ、決して悪い話ではないというわけです。

こうした貴種流離譚を踏まえて考えると、日本社会において「血」よりも「家」が大事であるということは明白です。「ご落胤《らくいん》」というのも、このバリエーションの一つです。「尊卑分脈《そんぴぶんみゃく》」という系図があります。これは中世につくられた系図集の中でも代表的なものですが、大友能直《おおともよしなお》、島津忠久《しまづただひさ》の二人が頼朝のご落胤として載っています。

大友能直というのは、のちに大友宗麟《そうりん》を出すことになる豊後《ぶんご》国の大友家の初代、島津忠久は言うまでもなく薩摩《さつま》島津家の初代です。彼らが頼朝のご落胤であるという話は「尊卑分脈」に書いてあるぐらいですから、人口に膾炙《かいしゃ》していたということです。実際に島津家は、江戸時代を通して「源《みなもと》」を名乗っています。

本当は島津家の御先祖は惟宗《これむね》という下級貴族ですから、源ではなく惟宗の誰々と名乗るのが正しいのですが、落胤伝説を逆手に取って、江戸時代には「うちは徳川家より家格は上だ」ということを言いたかったのでしょう。それを誇示するために源頼朝の墓を整備したりしています。

こういう落胤伝説のようなものは、かつてはそれほど驚くようなことではありませんでした。もっとも有名なのが、平清盛が白河上皇のご落胤だという話です。これは『平家物語』にはっきりと書かれているお話です。清盛の父親である平忠盛《ただもり》が見事な働きを示したときに、白河上皇が「では、私の寵愛《ちょうあい》している女性をお前にやろう」と下されたのが祇園女御《ぎおんのにょうご》という女性です。ところが家に連れ帰ってみると、この女性は身ごもっていました。困惑した忠盛は、機会を見て白河上皇にお伺いを立てました。

すると白河上皇から「女の子なら私の子として育てよう。もし男の子なら武士として育てて、お前の跡取りにしたらいい」という言葉をもらいます。それで生まれたのが玉のような男の子で、これがのちの平清盛になります。これがどこまで本当に歴史の事実として認められるかということは、かなり難しい話です。とりあえず僕はあまり信用していません。しかしこうしたところから見えてくるのは、やはり「血」より「家」が大事、という価値観であり、世襲の原理だと言えるでしょう。

第四章
院家はいかに仏教界を牛耳ったか？

日本では仏教界も世襲

「地位」と「家」の問題と仏教の関係は、世界史的には聖《せい》と俗《ぞく》の対立という形で語られてきました。たとえばローマ法王の権力があまりに強いと、世俗の王と対立して「カノッサの屈辱」(ローマ皇帝が破門の解除を求めて、法王に謝罪したこと)のようなことが起こります。

そういう矛盾を解消するために、たとえばイスラムではスルタン・カリフ制が生み出されました。聖界の代表者と俗界の代表者の間に非常な緊張関係が存在したために、スルタン(国王)とカリフ(宗教的指導者)は同じ人間が受け継ぐべきだということになって、オスマン帝国のような形ができあがったのです。

しかし、日本における聖と俗の関係を見ると、ほとんど衝突した様子がありません。神道の世界では、天皇は神様の子孫ですから、ぶつかりようがありません。仏教の世界では、院政期に比叡山の僧兵が京の街に強訴をかけたということがあり、白河上皇の三不如意に数えられたりしていますが、これもきわめて規模が小さいものです。

南都《なんと》北嶺《ほくれい》と言われた興福寺(春日大社)、比叡山などでは、僧兵や神人《じんにん》という暴力手段を持っていましたが、彼らの活動は天皇や上皇が持っている権益のおこぼれに預かろうというのが目的で、天皇や上皇を否定することまでは毛頭考えていませんでした。つまり、日本における聖界と俗界はあくまでもパラレルな関係であって、ぶつかり合う関係ではなかったのです。

その理由は、日本の仏教界に俗界の「家」というものが強烈に入り込んでいたからだと考えられます。天皇、上級貴族、中級貴族、下級貴族、一般庶民という俗界の秩序が、そのままお寺になだれ込んだのです。大きなお寺の中には、○○院というお寺がありますが、これは特定の貴族の「家」が、そのお寺の別院としてつくったもので「院家《いんげ》」と言います。

例えば仁和寺《にんなじ》には、勝宝院《しょうぼういん》という由緒正しい院家がありますが、そこは西園寺《さいおんじ》家がスポンサーになっています。その院主は、勝宝院○○という名前になり、代々西園寺家から入ります。西園寺家の若様の中で家を継がない人がお坊さんになり、勝宝院の院主になるのです。つまり世襲です。ただしお坊さんに子どもはいないわけですから、兄から弟、叔父から甥というように世襲されていきました。

院家の中でも、特に有力なものを「門跡《もんぜき》」と言いますが、そもそも仁和寺の一番上の門跡は、代々皇族から出ています。そういう形で、俗界の秩序がそのまま聖界の秩序になっているのです。

本来、仏教界で偉いというのは、たとえば徳が高いとか、厳しい修行をしてきたとか、学識が高いといったことになるわけですが、そういう本来の意味での高僧は、日本の仏教界では高い位には就けません。日本の仏教界で高い地位に就くのは、結局俗界で身分の高い家の出身者に限られるからです。つまり出身の「家」が大事なのであって、僧としての地位は二の次。地位が二の次ということは、やはり実力も二の次ということになります。

仏教は、経をしっかり読んで、それを解釈してわかりやすく人々に伝えることが基本になるのだろうと思いますが、それにはそれなりの学力、学識が必要です。生まれだけでは何ともならないはずです。しかし平安時代には、科挙がないため学識に裏づけられた官僚がいなかったように、学力のあるお坊さんは世に出られませんでした。結局それは、「家」を重視する世襲によって、仏教界さえもつくり変えられていたからです。

仏教と『北斗の拳』

このことをもう少し考えてみるには、「教相《きょうそう》」と「事相《じそう》」という二つの側面からアプローチすることに意味があると思います。

僕たちがふだん仏教を見るとき、仏教学者については哲学者でもあると考えています。それはキリスト教がそうであるからです。キリスト教神学は、キリスト教の思想とアリストテレス以来の西洋哲学を統合したトマス・アクィナスのような人物をはじめとする分厚い学問的蓄積の上に成り立っていることを、今日の僕たちは知っています。そうなると、平安期の仏教についても、そういう世界があるのではないかと考えてしまいますが、それは教相、すなわち教義や哲学という「部分」にすぎないと捉えるべきなのです。

一方、事相の世界は、修行の作法や儀式の進め方や所作を学ぶものです。仏教では宗派ごとに、この儀式ではこのように進行する、つまりここで鉦《しょう》を叩く、経を読む、そして護《ご》摩《ま》を焚《た》く、と事細かに決まっています。これを受け継いでいくのが事相です。

事相では、この仏様には三回頭を下げる、この仏様には一回でいい、ということを先生から一つひとつ教わります。その完璧さについては、当時「写瓶《しゃびょう》の弟子」という言葉がありました。つまり、先生が教えたことを、壺から壺へ水を移し替えるように、一滴漏《も》らさず弟子に伝えるということです。

僕はこれを現代の人に伝えるのに最適な例は、『北斗の拳』における北斗神拳だと思います。北斗神拳の一子相伝のような先生と弟子の関係を、弟子の側から言うと「写瓶の弟子」という言い方になるのです。

つまり、どういう儀式をやるかという「奥義」を口伝するわけですから、まさに北斗神拳の世界です。奥義が先生から生徒に伝えられる。他言無用ですからまじないの世界とも言えますが、そこに信仰の本質があるのかもしれません。

しかも先ほど述べたように、そこには「家」が関係してきます。天皇家の生まれである先生から、同じく天皇家の生まれである弟子に、という形で事相が伝えられていくのです。結局、家の継承が仏教の中でも行われ、聖界の高い地位を、身分の高い家に生まれた人たちが独占することにつながります。

事相は憶《おぼ》えるだけですから、世襲と非常に相性がいい。ですが、教相が大切だとなると、生まれた家と才能の多寡というものは比例しませんから、確実な世襲が難しくなります。

だからこそ、平安期の仏教において大切にされたのは、明らかに事相でした。

事相にも確かにいろいろな意味があると思いますが、あくまでも儀式と所作の世界であって、教義や哲学などの教相ではありません。そのため、日本の仏教界では、教義や哲学の分野で優秀なお坊さんがあまり育たないということになってしまったのです。

貴族から支持された「密教」

よく知られているように、平安期の初めに最澄《さいちょう》と空海《くうかい》が、天台《てんだい》宗と真言《しんごん》宗を日本に伝えました。当時、平安京に遷都した理由の一つに、奈良の仏教界が力を持ちすぎたので、彼らの政治への干渉を避けようとしたこともあったと言われています。

また皇位の簒奪《さんだつ》を目論んだ道鏡のような怪僧も現れたことで、奈良仏教の世俗化は強く印象づけられていました。そのような状況の中、若き俊英たちによって唐からもたらされた最新の仏教が、当時の貴族の心をつかんだのは必然だったと言えるでしょう。

天台宗は最澄が持ってきた顕教です。お釈迦《しゃか》さまが伝えてくれた法華経《ほけきょう》を始めとする経を読んで、一歩一歩学ぶことによって、最終的に悟りの境地に達するというのが、顕教である天台宗の立場です。そこでは、「宗教的な修行は学びである」ということになります。

一方、空海が持ってきた真言宗は密教です。真言宗では、一歩一歩学んでいってもそれだけで悟りに到達できるわけではない、と言われます。真言宗の中心になる仏は大日如来《だいにちにょらい》で、大日経と理趣経《りしゅきょう》などをしっかり読んで勉強していくことも大切とされるのですが、どこかの局面で大日如来の摩訶不思議な力を受けなければ、悟りの境地に到達することはできません。そういう宗教的な不思議なパワーを真言宗は重要視するわけです。

大日如来は宇宙の真理そのものであるとされます。その大日如来の教えを、人間の身体を借りてわかりやすく説明したのが釈迦であるというのが真言宗の考え方ですから、キリスト教の天なる父とキリストの関係によく似ています。つまり釈迦が合理的に教えてくれた言葉の先には、さらに高次の深遠な教えがあることになりますから、それを知るために大日如来の不思議な力に帰依《きえ》しなければならない。だからこそ「密教」なのです。

天台宗の最澄と真言宗の空海は、同じ時期に平安の貴族たちに教えを説きましたが、貴族たちの支持を得たのは密教である真言宗でした。当時のスポンサーは貴族ですから、最澄は慌てます。遅ればせながら「そうか、密教がトレンドなのか」と気づきましたが、この時代は唐からすぐに密教の経典を取り寄せることもできません。そこで空海に頭を下げて、経典を借りることにしました。

ともに唐に渡った仲ですから、空海も最初は喜んで経典を貸していましたが、やがて最澄が「あれも貸して、これも貸して」となってくると、いつまでもいい顔はできません。所蔵する経典は、遣唐使船の狭いスペースの中で自分の座る場所も削って持ってきたものだからです。そのことは最澄も知っているはずなのに、「貸して、貸して」というのは虫がよすぎるではないか、そうして二人の仲は険悪になったと言われています。

天台宗では、最澄が亡くなったあと、弟子が唐に渡って経典を持ち帰り、天台宗の密教を完成させました。こちらは天台の密教ということで「台密《たいみつ》」と言います。一方、密教の先駆者である真言宗のほうは、京都の真言宗の中心的なお寺である東寺《とうじ》の密教ということで、「東密《とうみつ》」と呼ばれます。真言宗の本山は高野山金剛峯寺《こうやさんこんごうぶじ》ですが、京都の貴族にとってはあまりに遠いので、東寺が真言宗のシンクタンクとされたのです。

王法と仏法は車の両輪

中世の国家体制については、黒田俊雄《くろだとしお》先生が提唱した「権門《けんもん》体制論」という有名な学説があります。簡単に言うと、日本の王は天皇であり、貴族と武士、そして仏教という宗教がそれを支えたという考え方で中世社会を理解しようとするものです。

もちろんこれを批判する考え方はあって、僕もその立場をとっていますが、この学説で重要なのは宗教の役割を高く評価している点です。というのも、それまでの理論では、宗教の位置づけが難しいという課題がありました。そうした中、権門体制論は、武士と貴族、寺社の三つが天皇を支えた、と宗教の「体制での居場所」を明示したのです。

特に黒田先生が言及されたのが「顕密《けんみつ》体制論」です。これは、天台宗と真言宗が鎮護《ちんご》国家などの祭祀によって天皇を支えたということです。中世においては、天台宗、真言宗こそが仏教の中心であり、そこに顕教と密教という二つの流れがあったので顕密体制と呼んだのです。それまでの宗教論では、時宗《じしゅう》や日蓮宗、禅宗、浄土宗といった鎌倉新仏教を高く評価してきました。ですが、天台・真言から分かれた分派が鎌倉新仏教なのであって、幹の部分はあくまでも天台・真言なのだということを黒田先生はおっしゃっています。

黒田先生はこのように主張されたわけですが、顕密体制の実態については、先ほど述べたように、やはり顕教より密教であったことは否めないと思います。天台宗も密教を取り入れた形で平安期に貴族階級の支持を得たわけですから顕密体制ではなく、実際には「天台・真言による密教体制」、あるいは「密密体制」でした。

さて、天台宗、真言宗を中心として平安時代に拡大していった日本仏教は、鎮護国家という役割を担って、国家的にも重要なものになっていきました。先ほど、日本の聖界と俗界はパラレルな関係だと述べましたが、それは政治でも同じです。日本の政治では、世俗と神聖な世界が車の両輪のようになっているのです。

黒田先生は、これを「王法《おうほう》と仏法《ぶっぽう》が車の両輪」と表現していました。王法、つまり王様の法と、仏法、すなわち仏教の教えは車の両輪であり、どちらが欠けてもダメなのだということです。また、それを飛ぶ鳥にたとえて、左右どちらの羽が欠けても、鳥は飛ぶことができないという比喩で、王法と仏法を並べています。

では、その仏教世界がどのように成り立っていたのかと言えば、繰り返しになりますが、まったく世俗の社会と同じ秩序を持っているのです。仏教世界の頂点にいるのは皇族です。皇族出身の高い位にある僧侶を、貴族出身の僧が支え、彼らの浮き世離れした生活を、下級の僧が支えたのです。この下級僧の実態を調べてみると、ほとんどが在地領主など、のちに武士団を形成する層の出身でした。そうなると、一般庶民の出身者は、さらにその下働きになるという、まさに世俗の秩序がそのまま聖なる世界にも通用していることになります。

仏僧の出世も世襲で決まる

その典型が、先ほど説明した「院家」です。女人禁制の高野山や比叡山では、高僧になるために厳しい修行が必要になりますが、皇室などやんごとなき世界の方々は、深山幽谷《しんざんゆうこく》に入って厳しい修行をするなどなかなかできません。そこで、京都の町中に院家と言われるものがつくられ、そこで僧侶になるのです。

この院家は、たとえば比叡山延暦寺の系列に属するとなると、別形態の小さな延暦寺ということになりますが、別の本尊、別の建物、別の領地、別の荘園を持っています。つまり、まったく別世界の存在なのです。そこに身分の高い家の息子が入って、院家の院主になる。そしてこの院主たちが、日本の仏教世界の上位に君臨するのです。

院家の中でも、特に有力なものを「門跡」と言うと述べました。たとえば比叡山延暦寺系の三門跡では、まず青蓮院《しょうれんいん》が現在も京都にあります。先代の青蓮院門跡の門主は、香淳《こうじゅん》皇后（昭和天皇の皇后）の弟にあたる東伏見慈洽《ひがしふしみじごう》という方でした。青蓮院クラスではそういうやんごとない方が門跡になるのですが、皇族でなくてもたとえば藤原本家、摂関家から入ることもあります。ここに三十三間堂《さんじゅうさんげんどう》を傘下に収める妙法院《みょうほういん》、梶井《かじい》（三千院《さんぜんいん》）を加えた三つが、比叡山の三門跡と言われるものです。

天台・真言の院家で繰り広げられる生活は、まさに貴族の生活そのものでした。非常に贅沢なものであり、食べ物もまったく貴族と同じです。墨染めの衣などという言い方をしますが、墨染めの衣を着ているのはのちの禅寺の坊主だけで、平安期の門跡ともなればバリバリのオートクチュールの豪華な僧衣を着ていました。一つだけ一般人と違うのは、女性です。さすがにこれは御法度でした。しかし、それに代わるお稚児《ちご》さんというものがいました。

フランシスコ・ザビエルが初めて日本にやって来たときに、通訳がカトリックの神を

「大日如来」と訳しました。日本の坊主は大変に喜んで、「ザビエルは俺たちの仲間だ」と歓待したと言います。ところがザビエルは仏教の坊主を見ていて、お稚児さんという存在が気になり始めます。そこで「あれはいったい何だ」と尋ねると、男色であることがわかり、大慌てでザビエルは坊主と袂《たもと》を分かったのだそうです。こんな逸話があるぐらい、日本の仏教界は俗世界に近かったのでしょう。

結局、このクラスのお坊さんたちは、修行もせずに贅沢な暮らしをしていても、仏僧としてどれだけ上に行けるかが、すべて世襲で決まっていました。仏教界の院家と有力貴族の家は、一対一で対応しています。それが先ほど説明した、西園寺家と仁和寺の勝宝院の例です。

勝宝院の経営は貴族の西園寺家がすべて面倒を見ます。西園寺家に残った長男は西園寺家を継ぐわけですが、次男、三男の中から勝宝院を継ぐお坊さんが出るのです。勝宝院を見てみると、院主は伯父さんから甥へ、さらにまた伯父さんから甥へという形で、必ずしも親子関係ではないのですが、西園寺という家で継承されていきます。

しかも、その人たちが、天台宗の比叡山系であれば延暦寺の天台座主になります。天台宗でも三井寺《みい》系であれば、園城寺《おんじょうじ》の長吏《ちょうり》になります。あるいは真言宗で一番位が高いのは、東寺長者《とうじちょうじゃ》です。東寺一の長者、二の長者、三の長者、四の長者となっていて、その人たちが宗教世界のトップを形成します。生まれた家がよくなければ、絶対トップには足を踏み入れられません。これは、朝廷の仕組みとまったく同じなのです。

「遷代の職」と「永代の職」

お寺や神社の運営については、「遷代《せんだい》の職《しき》」と「永代《えいたい》の職《しき》」というものがあります。「職」は「職の体系」の「職」と同じで、権利という意味です。これは現代にもつながる問題です。

たとえばある人がお寺のトップに登り詰めたとします。すると、基本的にはお寺の財産はその人のものになります。しかし、寺に長く伝わる経や仏像を独断で処分してしまうようなことは許されるでしょうか。

じつは檀家《だんか》から「お寺の財産は昔から伝えられてきたものだから、長い歴史の中で、たまたまトップの座にいる人が勝手に処分していいものではない」という訴えが起こされることはよくあるのです。ここで提起される問題は、「それは遷代の職なのか、永代の職なのか」ということです。

永代の職とは、古くから受け継がれ、さらに未来に手渡すような価値に関わるものです。一方で、時代の変化に応じて変えるべきところは変えるという判断は、遷代の職で考えなければなりません。たまたま就任した僧や神主が勝手な判断で、永代の職の部分に手を出せば、寺社の財産はたちまち散逸してしまいます。それは文化財保護の観点からも防がなければなりません。

たとえば奈良の法隆寺《ほうりゅうじ》には、大変な数の仏像が見事に残っています。一四〇〇年前のものを、ここまで残すには大変な努力があったはずです。一代を二〇年とすれば、一四〇〇年の間には少なくとも七〇名のトップがいました。その七〇名の人たちが、営々と先代から受け継いだものを弟子に渡してきた結果として、たくさんの宝物がのちの世に伝わっているのです。

お寺の場合は家とは少し違いますが、前の時代の物を受け継いで次の時代の人に渡すということを、日本人はかなりきちんとやってきたと言えます。それは、自分が何かをするという感覚をどこかで押さえ込んで、その家の一員として振る舞ってきたということです。

しかし最近では、大津《おおつ》にある、きわめて格の高い門跡ですら問題が起こっています。ここは、皇族や藤原本家、摂関家の人たちが門跡になった寺です。ところが、その門跡になった人が、まさに自分がトップになったからいいのだと、お寺のものをどんどん売ってしまったのです。その地位に就いた人にしてみると、「自分はそういう判断をする地位に就いたのだから、関係がない人は口を出すな」ということでしょう。主張としてはわかりますが、さすがにいろいろと指導が入ったのか、いまはその寺の系列から離脱して、結局自分のところで総本山を名乗っています。

こうした極端な事例だけでなく、現在は重要文化財が三ケタの数で紛失しています。代々受け継がれてきたものを、住職になった人が売ってしまったケースがほとんどです。いま中国等では美術品バブルなので、高い金額で売れるのです。また、重要文化財は文化庁がある程度管理していますが、盗まれてしまった、火事になって焼けてしまったとなると、どうにもなりません。文化財をのちの世の人のために残していくことを考えると、私たちの御先祖様がやってきたことをもう少し学び、その意味を考えてみるべきではないかと思います。

第五章

北条家はなぜ征夷大将軍にならなかったか？

執権専制から得宗専制へ

北条《ほうじょう》という「家」は、将軍という「地位」を傀儡《かいらい》にして幕府の実権を握った家です。貴族の世界にも、天皇という「地位」を傀儡にして政治の実権を握った藤原摂関家という「家」がありましたが、基本的にはこれと同じです。

中世の日本では、高い地位について表に出ている人が実際の政治をやることはほぼありませんでした。院政でも天皇はお飾りで、上皇という天皇家の家長が実際の政治を行っていました。鎌倉幕府にも将軍はいましたが、実際には北条家がすべてを握る形にデザインされていたのです。

源氏の将軍は、偉大なるカリスマであった源頼朝亡きあと、二代頼家、三代実朝《さねとも》と続けて暗殺されています。このうち三代実朝はあまりにも京都に近づきすぎましたから、京都にばかり尻尾を振る将軍はいらないと、おそらく関東武士の総意として見限られたのかもしれません。いずれにしても、実朝が暗殺されると、「もう源氏もいらないいな」ということになったのでしょう。四代将軍、五代将軍は京都の摂関家から迎えられました。そして、ここから将軍は北条の完全な傀儡になるのです。

鎌倉初期の北条家は、頼朝の正室である政子《まさこ》を出した家として登場しました。つまり、将軍家の親戚として北条家は台頭してきたのです。これも摂関政治時代の摂関家と同じですが、次々に陰謀を企んで自分たちの邪魔になる武士たちを葬ってしまったのが、北条家のすごいところです。

やがて北条家は「執権《しっけん》」というものになるわけですが、この役職が具体的にどういうものなのかは、じつはよくわかっていません。しかし、あまり考える必要はないと僕は思います。基本的には将軍と同じ意味だと考えておけばいいのではないでしょうか。

この突出した立場は、最初のうちは北条本家の人間が担っていました。しかし、北条泰《やす》時《とき》の時代に、彼の子どもがわりと早く死んでしまったことで、孫に当たる経時《つねとき》と時頼《ときより》が相次いで執権となります。

すると北条家は、長時《ながとき》や政村《まさむら》のような北条一門のエリートを執権の座に就けながら、あくまでも得宗《とくそう》(本家の当主)である北条時頼が実権を握る形をとり始めます。つまり、北条家の権力が増大したことで、執権という「地位」よりも得宗に、権力のメルクマールが変更されたのです。

名より実をとる戦略

こうして源氏将軍亡きあと、北条執権による専制の時代を経て、得宗専制の時代に移っていきました。そしてそれは、「北条家は鎌倉で一番の家である」という関東武士の共通認識の上に成り立っていたものでした。ちなみに、ここで言う「一番」は家柄ではなく、鎌倉一の実力者ということです。

ところが北条は、そこまで認められながらも、自らは決して将軍になろうとしませんでした。すでに述べたとおり、三代実朝が殺されたあとは、四代将軍、五代将軍は藤原本家の九条家から来て、六代将軍から幕末までの四代は皇族（親王）が将軍になっています。

一つには、将軍は朝廷から与えられる官職ですから、やはり厳しい基準があり、北条が基準を超えることはできなかったという見方があります。確かにのちの室町幕府の足利将軍家は源氏の名門ですから、将軍職に就くことに何の問題もなかったでしょう。ところが、北条が仮に将軍になろうとしたら、どこの馬の骨かわからない豊臣秀吉が太閤《たいこう》になるのと同じぐらい豪腕を発揮しなければならなかったかもしれない、ということは考えられます。

しかし同時に、関東武士の間で、その実力は認められており、北条家を頂点に鎌倉幕府は十分機能していました。北条家は朝廷をしっかり抑えて、武士階級の土地に関わる本質的な権利と存在感を担保していたわけですから、充分な棟梁であったはずです。そのため、なろうと思えばなることもできたはずだという見方も多いのです。

反証の一例としては、平清盛の事例があります。清盛は後白河法皇を幽閉するなど、実力行使によって軍事的な威力を初めて朝廷に見せつけた武士です。これにより朝廷は、清盛に対して中納言、大納言、内大臣、太政大臣と次々に官職をプレゼントして、ご機嫌をうかがわざるをえなくなりました。鎌倉幕府はそれを上回る軍事的、政治的パワーを持っていたのですから、北条家が本当にやる気になれば、おそらく将軍になることもできたという見方です。場合によっては、太政大臣に出世することもできたかもしれません。ところが、なぜか北条家はそれをやりませんでした。

序章で見たように、鎌倉幕府を開いた源頼朝も征夷大将軍という「地位」にはこだわっていませんでした。実際、将軍になって二年後にその「地位」を返上しているからです。

しかし、北条家の場合はこだわっていないというより、むしろ避けているような印象さえあります。というのも、北条家は位階でいうと、三位《さんみ》以上には決してなりませんでした。三位以上を公卿《くぎょう》と言います。一流の貴族の証しです。つまり、北条家は公卿には決してなろうとしなかったということです。中央貴族にならず、中央貴族の下の四位《しい》の位階までしか持とうとしなかったのです。明らかに自覚的にそうしたのだと思います。

たとえば源実朝が死んだあとに連れてきた将軍は摂関家からでした。朝廷の家来の中でも一番上の摂関家から連れてきた四代目将軍の息子が五代目将軍です。さらに六代目になると、それ以上、つまり皇族から将軍を連れてきました。

そして将軍がある程度の年齢になって、「俺は将軍なのだから、いろいろやりたい」と言って権力に目覚めると、すかさず京都に送り返し、あくまでも将軍という形だけの「地位」に押しとどめたのです。そして自分たちが実権を握るのですが、北条家は絶対に三位以上を望まない、公卿にはならないということを徹底しました。ここには中身が空っぽの「地位」より「家」の繁栄という実《じつ》を重視する、北条家のしたたかな戦略が見え隠れしています。

こうした姿勢に対して、『神皇正統記』を書いた北畠親房《きたばたけちかふさ》は、北条家を非常に高く評価します。「彼らは分際をわきまえている」と言うわけです。武士の分際をわきまえて、四位以上になろうとしなかった。だから彼らは優れていると言います。

逆に北畠親房が口を極めて罵《ののし》るのは、吉田定房《よしださだふさ》という人物です。この吉田定房は伝奏《てんそう》です。伝奏についてはあとで詳しく述べますが、吉田定房は伝奏の中でももっとも優れた人物とされ、「伝奏は大納言まで」という不文律を破り、後醍醐《ごだいご》天皇の建武《けんむ》政権下で内大臣にまで昇りつめました。北畠親房（彼自身は大納言どまり。大臣になれなかった）は、これはあってはならないことだと彼をこきおろしています。

北条家はなぜ四位までという判断をしたのでしょうか。僕なりの理由はあります。やはり彼らは賢かったのです。というのも、「地位」というものは、それがいかに空っぽで内実がなかったとしても、ときにそれをめぐって争いになることがあるからです。

「地位」をめぐる権力闘争

「地位」をめぐって争いが起こる、というのはこういうことです。現代で言えば、会社なら課長や部長のポスト、政治家なら大臣のポストを得ようとして、血みどろの権力闘争が繰り広げられることがあります。多くの場合、人は「地位」を得ることによって「権限」を得、それにふさわしい「報酬」を得ることができるからです。

室町時代、将軍に代わって政治の最前線に立つ、総理大臣的な役割として「管領《かんれい》」というポストがありました。斯波高経《しばたかつね》という守護大名は、初代将軍の足利尊氏から頼まれたとき、このポストを断っています。斯波家は、足利泰氏《やすうじ》の流れを汲む名門であり、一門の中でも高い家格を有していたからです。そのため「管領というのは、あなたの家来がやるものだ、私はあなたの親族であり家来ではない」と言ったのです。

ところが、少しあとになって室町幕府が安定してくると、高経の子孫は「自分たちを管領にしろ」と主張するようになります。その結果、三代義満《よしみつ》のときに「三管領家《さんかんれいけ》」といって、三つの家で回り持ちすることが定められました。それが斯波、畠山《はたけやま》、細川《ほそかわ》の三家です。「管領になるのはこの三つの家でなければならない」と法で定められたわけではありません。ただ、争いを避ける意味もあったと思うのですが、不文律として決まったのです。とはいえ、結局この三家が応仁《おうにん》の乱《らん》をはじめ、さまざまな局面で激しく争うことになったのですから、その見通しは甘かったと言えるでしょう。

江戸時代になると、幕府では五名ほどの老中《ろうじゅう》が選ばれて、彼らを中心に政治が行われました。将軍はもちろんその上にいるわけですが、政治の実権を握ったのは老中でした。そのため政治的に何かをやりたいと思った人は、必死に老中になろうとしました。

たとえば、天保《てんぽう》の改革で知られる水野忠邦《みずのただくに》という人がいます。水野は老中になりたいがために、わざわざ唐津《からつ》藩から浜松《はままつ》藩に国替《くにが》えまでした人です。唐津藩には長崎警備の任務があり、幕閣として昇進しづらいという事情があったようです。

しかし、これは水野家の家臣たちからすると、大変な負担でした。そもそも実石高が二五万石だった豊かな唐津藩(表高は六万石)から一五万石そこそこの浜松藩(これも表高は六万石)に移ったのですから、藩の財政はたちまち厳しくなりました。家来の不満をよそに、こんなごり押しをしてまで老中という地位を獲得しようとしたのですから、よほどそのポストがほしかったに違いありません。

一方、江戸幕府が成立したとき、徳川家康の四天王と言われた中に、本多忠勝《ほんだただかつ》、榊原《さかきばら》康政《やすまさ》がいました。彼らは、言ってみれば家康の右腕と左腕です。彼らは譜代《ふだい》大名の中では、特別多くの所領を与えられました。本多は、忠勝が桑名《くわな》で一〇万石、息子が大多喜《おおたき》で五万石なので、合わせて一五万石。榊原も一〇万石です。こうした大きな家の譜代大名は、政務に関わらないというルールが、徳川幕府ではつくられていたようです。

先ほどの斯波高経と同じで、政務を行うのは徳川の家来であって、彼らのように特別な人たちは政務などやらないという理屈です。しかし、このルールがあったがために本多も榊原も、老中など江戸幕府の要職には就けなくなるのです。

最終的に本多忠勝の本多は、岡崎五万石になってしまいます。五万石でも、岡崎の殿様だったら、三河武士の本場だからいいではないかという考え方もあるかもしれません。榊原は一五万石になって残るのですが、姫路から高田《たかだ》に行ったのは、やはり左遷だったと思われます。

室町時代の管領、江戸時代の老中のような存在を、明治時代以降に求めると、総理大臣ということになるでしょうか。総理大臣のポストをめぐって有力者が争うということは、現代も行われています。その地位がどんなに空虚なものに見えたとしても、非常に突出した地位であれば、それをめぐって争いが起きます。北条家はそのことをよくわかっていたのでしょう。

こじれた後継者問題

もっとも、将軍にならなかったからこそ起こった問題もあります。それを鎌倉時代の実例から見てみましょう。鎌倉幕府の四代将軍に藤原頼経《よりつね》という人がいます。この人は、源氏三代の実朝が殺害された後、北条執権が藤原本家である九条家から迎えたいわゆる「摂《せっ》家《け》将軍」でした。この頼経の子どもが、五代目の藤原頼嗣《よりつぐ》です。ちなみに六代目の宗尊《むねたか》親王をはじめ、七、八、九代の四人はみんな親王でしたから、「親王将軍」という言い方をします。そして、九代目の守邦《もりくに》親王のときに鎌倉幕府は滅亡してしまいました。

さて、すでに述べたように、四代将軍藤原頼経のときに鎌倉幕府で実権を握っていたのは北条本家で、摂家将軍はまったくの傀儡でした。しかし、名目上は全御家人の主人、武家の棟梁が将軍です。したがって、たとえば当時の幕府の実権を握っていた北条本家に敵対しようという人物、すなわち北条のやり方に文句や不満がある人、あるいは「俺はよほど変わったことをやらないと出世の芽がない」と思う人は、自分たちのような勢力がまとまる中核として、必然的に将軍を求めることになります。

その筆頭が名越《なごえ》家でした。名越家というのは、二代執権北条義時《よしとき》の次男である朝時《ともとき》という人の家です。なぜ彼らが北条本家に敵対的だったかというと、北条家の成り立ちに理由がありました。というのは、初代の北条時政《ときまさ》は、じつは跡継ぎとして義時を考えてはいなかったのです。つまり北条義時という人は、本来は北条の跡継ぎにはならないはずの人でした。

これは『吾妻鏡』を読んでみるとよくわかることなのですが、義時は「北条義時」として登場してこないのです。ほとんどの場合、江間《えま》(北条家の本拠である伊豆国の北条のすぐ近くにある地域の名前)を名字として、江間義時と名乗っていました。ですから、北条義時はいずれ江間家を創設して、その当主になるはずの人だったのです。

ところが、時政が本来跡取りと考えていた宗時《むねとき》が若くして戦死したことで、江間義時が北条の跡を継ぐ流れが浮上してきます。時政は、宗時を失ったあと、京から牧《まき》の方《かた》という下級貴族の娘を後添えとしてもらい、二人の間に北条政範《まさのり》が生まれました。しかし、政範もまた、将来を嘱望されていたにもかかわらず、十代で亡くなってしまいます。

それでもなぜか、時政は義時を後継者にしたくなかったようです。彼が自分の後継者にと考えていたと思われるのは、牧の方との間に生まれた女子の婿となった平賀《ひらが》朝雅《ともまさ》でした。この人は京都守護になったこともあり、源氏一門の中でも抜群に高い官位を与えられていました。

しかし当然のことですが、朝雅は北条ではなく平賀氏ですから、北条の後継者にするのはいかにも無理です。そこで時政は、義時の次男である名越朝時に期待をかけます。これも理由はよくわかりません。考えられるとすれば、義時の長男である泰時の母親は実家がよくわからず、おそらく身分の低い家の出身だったからでしょうか。それに対して朝時の母は、北条と権力を争った非常に力の大きな豪族である比企《ひき》家の娘でした。

つまり、義時を経由して泰時に北条本家を託すより、直接朝時を跡継ぎにしてしまおう、そう考えたのかもしれません。しかも比企家は北陸の辺りに大きな勢力を持っていました。比企家の血を引く名越朝時は、その財産を受け継ぐ権利も持っていたのです。いずれにしても、時政が自分の跡継ぎにしようと考えていたのは朝時でした。

それをよく表すのが、名越という名字です。朝時は時政から名越の邸宅を譲られ、それによって名越朝時と名乗っていたのです。しかし、結果的に次の執権の座に就いたのは義時でした。朝時にしてみれば、祖父である時政は自分を跡取りにと考えていたはずだ、という自負があったのでしょう。こうして朝時は、一生涯北条本家に対抗心を持って活動するようになるのです。

そして北条本家に対して不満をくすぶらせていた朝時が誰か味方がほしいと思ったとき、格好の人物として視野に入ったのが、四代将軍藤原頼経でした。朝時は自分の息子である光時《みつとき》を頼経の側近として送り込み、それによって名越家と将軍の関係を密にするのです。こうして詳しく見てみると、この騒動には北条家のお家騒動の側面もあることがわかります。

執権権力vs.摂家将軍

頼経は本来何の力もない傀儡だったわけですが、名越朝時が後援する、支えるということになると、俄然《がぜん》力を得ていきます。例えば、三浦光村《みうらみつむら》という人物がいます。家を継いでいるのはお兄さんの三浦泰村《やすむら》なのですが、その弟である光村は藤原頼経に仕えて、北条本家と戦おうとしました。このとき鎌倉では、北条本家が最大の実力者として実権を握っていました。一方で、将軍は本人の力は弱いのですが、例えば名越朝時・光時親子、あるいは三浦光村のような有力な後援者に支えられて、次第に力をつけていったのです。それによって頼経は北条本家に対してことごとく対立的な態度をとりはじめました。

じつはこの鎌倉の争いと連動する形で、朝廷でも権力闘争が始まっていました。前の天皇つまり後嵯峨《ごさが》上皇と、前の関白で大殿あるいは太閤と呼ばれていた九条道家《みちいえ》が厳しい対立関係にあったのです。四代将軍の藤原頼経は、この九条道家の三番目の息子でした。

後嵯峨上皇と九条道家の対立は、承久《じょうきゅう》三(一二二一)年に起こった後鳥羽上皇の承久の乱に淵源がありました。仁治《にんじ》三(一二四二)年正月に四条《しじょう》天皇が急死すると、道家は忠成王《ただなりおう》を皇位に推しましたが、鎌倉幕府(北条泰時)は、忠成王が後鳥羽上皇とつながりが強い順徳《じゅんとく》天皇の皇子であることからこれに反対し、土御門《つちみかど》上皇の皇子である邦仁《くにひと》王を推しました。その結果誕生したのが後嵯峨天皇(上皇)でした。つまり、後嵯峨上皇・北条泰時と九条道家・藤原頼経という二つのラインが、鎌倉と京との間でつながりながら対立していたことになります。

結局、この権力抗争は北条本家の跡を継いだ時頼によって、名越光時が失脚させられ、それとともに三浦一族は滅亡、そして藤原頼経も京都に送り返されることになりました。

それにしても、なぜこうしたことが起きてしまったのでしょうか。

それは、トマス・ホッブズが著《あらわ》した『リヴァイアサン』という書物に書かれていることを念頭に置くとよくわかります。トマス・ホッブズは、何も決まりがない、何もルールがない、そういう状況で人間が存在すると、万人の万人に対する闘争状態というものが生まれざるをえない、と述べています。万人の万人に対する闘争状態というのは、きわめて不安定だし、恐ろしい状態です。なぜなら、自分がライバルを倒したとしても、今度は自分がいつ寝首をかかれるかわからないからです。『リヴァイアサン』には、そうした状態を解決するために、誰か自分たちの代表を選出して、その人に力を集中させようとすると書かれています。

北条家最大の危機

それで思い当たることがあります。鎌倉時代の権力抗争は熾烈を極めました。鎌倉幕府の時代ほどたくさんの血が流れたことはありません。こうした鎌倉時代の様相を如実に表す事例として、「畠山重忠《はたけやましげただ》の乱」という事件があります。

重忠は、平家追討の一ノ谷の合戦で、愛馬を担いで鵯越《ひよどりごえ》を駆け下った逸話でよく知られた武将です。幕府創業期に多くの武功を挙げたこの忠臣は頼朝の没後、ある日突然謀反《むほん》の嫌疑をかけられ謀殺されてしまうのです。

ことは畠山重忠の息子の重保《しげやす》と、北条時政の娘婿である平賀朝雅《ともまさ》の喧嘩に端を発したというものの、それは本当に些細なものだったはずです。もし仮に重大なことであったとすれば、喧嘩の内容は『吾妻鏡』に詳述されてしかるべきですが、それもよくわかっていません。

喧嘩があったのが元久《げんきゅう》元(一二〇四)年一一月。それから半年以上立った元久二年六月二一日に、突然北条義時が弟の時房《ときふさ》とともに北条時政に呼びつけられました。行ってみるといきなり、「俺の大事な娘婿の平賀朝雅が、畠山の小倅《こせがれ》と喧嘩をした。畠山には謀反の企《くわだ》てがあるに違いない。これから畠山を討ってこい」と言われたのです。

このあたりの書き方には微妙な綾《あや》があります。畠山謀反の話で時政を焚《た》きつけたのは夫人の牧の方で、時政にこの話を聞いた義時と時房は、「畠山に限ってそんなことはありえない」と思いとどまるように一度は説得したというのです。

この発言の背景には北条家と畠山家との縁戚関係がありました。じつは畠山重忠の正室は、北条時政の先妻の娘だったのです。つまり、その息子である重保は時政の血のつながった孫になります。当然、義時、時房も重忠とは義兄弟でした。一方、平賀朝雅は牧の方との間にもうけた娘の婿です。そうであるにもかかわらず、時政は娘婿の肩を一方的に持つ形で、畠山重忠に謀反の企てありとでっち上げて、彼を討てと言うのです。

これはどう考えても無茶な話です。このとき重忠は、本拠地である菅谷《すがや》(現、埼玉県比企郡)から、鎌倉に何か動きがあると聞いて向かう途中でした。重忠にしてみると、まったく理由もわからないうちに義時率いる大軍に襲われ、あっという間に攻め滅ぼされてしまったのです。まさにこれこそ、「万人の万人に対する闘争」そのものでした。このときの鎌倉は、いつ自分が後ろから刺されるかわからないという、修羅《しゅら》の巷《ちまた》にあったと言えます。

驚くべきは、畠山のわずかな手勢に向かわせた数千とも言われる軍勢の大きさです。義時が畠山討伐を時政から命じられた二一日の翌早朝には、鎌倉の御家人たちが先を争って由比《ゆい》ヶ浜《はま》に駆けつけました。おそらくこのとき、鎌倉周辺の御家人と呼ばれる者で、ここに馳せ参じなかった者はいなかったでしょう。重忠の同族たちでさえ駆けつけていたのです。おそらく彼らはパニックに陥っていました。謀反人を誅《ちゅう》する側に立たなければ、誅殺の刃《やいば》はいつ自分に向かってくるかわからない。そんな疑心暗鬼の中、彼らは必死に先陣を争ったに違いありません。

それだけにこの騒ぎが終息したとき、人々は暗澹《あんたん》たる思いで一連の出来事を振り返ったはずです。そのやりきれない思いは、首謀者であった北条時政と牧の方に向かいました。あまりにもやり口がえげつないということで、御家人たちの反目を買うことになったのです。このとき、もしかすると北条家は最大の危機を迎えていたのかもしれません。

ところがふた月後、再び驚くべき事件が起こります。牧の方が時政を焚きつけて、将軍実朝を殺害し、平賀朝雅を将軍に立てようと計画したというのです。これがどのような経緯で発覚したのかは謎ですが、政子・義時姉弟によって追及され、二人は出家のあと、伊豆国に幽閉されるのです。平賀朝雅もまた、京において義時の命によって殺害されています。

時政追放までの一連の経緯を俯瞰《ふかん》すると、すべての黒幕は義時なのかもしれないという疑念も禁じ得ません。頼朝の急死からここまで、北条一門の所業は陰謀に次ぐ陰謀の連続でした。しかし、もともと関東武士の間では「謀反の噂《うわさ》は武門の誉《ほま》れ」と言われるほど、自らの生き残りのために権謀術数を巡らすことは当然視されてきたのです。

このとき、鎌倉幕府の時代は始まったばかりでしたが、そこではいつ自分が殺されるかわからないという不安が延々と渦巻いており、まさしく混沌《こんとん》たる状況だったのではないかと思います。特に恐いのは、政治的な失脚がそのまま死を意味したことです。そのような過酷な状況にあると、人々は何らかの「拠《よ》り所」を求めるようになります。

言い換えると、それは自分の身を守るために、自分より上位の存在をいかに確保するか、ということではなかったかと思います。下位の者は中位の者に、中位の者は上位の者に、という重層構造の最上位に位置したのは、鎌倉の主である将軍であり、執権でした。こうした思想が、武士たちの「主従関係」に直接つながっていたことは言うまでもありません。

主従関係の本質とは

いま述べたことを象徴する事例として千葉常胤《ちばつねたね》と源 頼隆《みなもとのよりたか》のケースがあります。治承四(一一八〇)年に挙兵した頼朝は、伊豆国目代《もくだい》である山木兼隆《やまきかねたか》を討ち取って、伊豆国を勢力下に置きました。次いで、三浦半島の三浦氏と合流するべく東を目指しましたが、大庭景親《おおばかげちか》の軍勢と石橋山《いしばしやま》の戦いとなり、ここで危うく命を失うほどの大敗北を喫します。

まさに命からがら、頼朝は真鶴《まなづる》から船に乗って房総《ぼうそう》半島に逃れました。房総は父の義朝《よしとも》が堅固な地盤を形成していた地域です。頼朝挙兵の報せを聞いた武士たちが、次々と馳せ参じ、あっという間に勢力はふくれあがりました。頼朝は、これらの軍勢を率いて下総国《しもうさこく》府《ふ》で千葉一族と合流するのです。

ここで頼朝は、千葉常胤から臣従の挨拶を受けるのですが、このとき一人の若者が連れられていました。それが源頼隆でした。「この方は幼いときから自分が養育してきました。必ずやあなた様のお役に立つだろうと思い、お連れしました」と常胤は述べるのですが、ここに関東武士の面目があったと言えます。

源氏のスーパースターである八幡太郎義家《はちまんたろうよしいえ》の末子《ばっし》に源義隆《よしたか》という人物がいました。義隆は源義朝が平治の乱で敗走した際にも同行し、竜華越《りゅうげごえ》で身代わりとなって討ち死にしました。この義隆の三男が、源頼隆です。まだ生まれたばかりの赤ん坊だったため、関東に流されたのですが、監視役だった常胤が養育し、立派に育て上げていたのでした。

源氏本家の流れを汲む源頼隆は、千葉常胤をはじめ関東武士にとっては一段格上の存在です。常胤が幼い頃から頼隆を養ってきた狙いは、その一点にあったと考えられます。つまり、たとえば近隣の御家人と領地を巡って戦うとき、頼隆がいることによって、「これは私が勝手にやったことではありません。源家の御曹司《おんぞうし》である源頼隆様のご意向です」という形で自分の行動を正当化できるのです。

しかし、ここで頼朝が登場したことによって、これから自分の行動を正当化してくれる存在が頼朝に変わることは明白でした。頼隆と比べれば、頼朝のほうが実力も血筋も、官位もすべてが格上だからです。武士の主従関係というのは、あくまでも一対一の関係です。頼朝に臣従を誓うのであれば、もう頼隆は不要です。それを行動で示さなければ、頼朝から疑いの目を向けられるかもしれない。だからこそ、千葉常胤は頼隆を差し出したのです。

このように自分より上の立場の人間をいかに確保するかということは、鎌倉時代の合戦を通して大きな関心事だったと言えます。そして、それはときに争いの勝敗を決定する要素にもなりました。たとえば、鎌倉の町を舞台に何度か市街戦が行われたのですが、このとき北条家に反旗を翻《ひるがえ》した側は、北条家がしっかりと確保している将軍を自分たちのものにすることが目的でした。したがって、それを守って戦う側が北条家の立場になります。攻めるアンチ北条、守る北条という形で戦いが繰り広げられたのです。

和田《わだ》合戦、宝治《ほうじ》合戦もそうでした。和田義盛《よしもり》、あるいは三浦泰村が攻める側で、両者ともに北条家が持っている将軍を奪い取ろうとしました。弘安《こうあん》八(一二八五)年には霜月《しもつき》騒動が起こり、片や安達泰盛《あだちやすもり》、片や平頼綱《たいらのよりつな》の両者がぶつかり合ったのですが、このときは将軍ではなく、第九代執権の北条貞時《さだとき》の奪い合いになりました。当時、貞時は子どもだったため、御しやすいと考えられたのかもしれません。

歴史上の戦いを分析する上で、「何のために戦いを起こしたのか」「その戦いの目的は何だったのか」と考えることは、単純ではありますが、きわめて重要なことを私たちに教えてくれます。ここでは将軍や幼い執権をいかに確保するか、あるいはどう守るかが焦点でした。こうした関東武士たちの機微がわかってくると、例えば次章の承久の乱で、なぜ後鳥羽上皇が敗北を喫したのかということも、よく理解できるようになります。

第六章　後鳥羽上皇はなぜ承久の乱で敗れたか？

後鳥羽上皇の誤算

承久の乱は、承久三(一二二一)年に後鳥羽上皇が、鎌倉幕府執権の北条義時を討つべく起こした事件です。しかしこのとき、武士たちは上皇の命令に耳を貸さず、鎌倉方に馳せ参じて北条義時に味方しました。その結果、後鳥羽上皇は敗北し、なんと隠岐《おき》の島に流されてしまうのです。

では、後鳥羽上皇はなぜ負けてしまったのでしょうか。意外に思われるかもしれませんが、じつは後鳥羽上皇は武士をかなり味方に引き込んでいました。のちに後醍醐《ごだいご》天皇が鎌倉幕府に戦いを挑み、勝利を収めるのですが、このとき後醍醐天皇はそれほどたいしたことはしていません。後醍醐天皇に比べれば、後鳥羽上皇のほうが、よほど幕府方の武士の切り崩しに成功していました。

ところが、実際に承久の乱が始まってみると、まるで軍勢の数が違っていました。僕の試算では、朝廷軍およそ二〇〇〇に対し、幕府軍にはその一〇倍近くの軍勢が集まっています。その理由は、おそらく後鳥羽上皇が軍勢の編成においても、それまでの朝廷の重層的な支配構造とまったく同じことを行っていたからだと考えられます。重層的というのは、天皇がいて、皇族がいて、上級貴族がいて、下級貴族がいて、武士がいるという、あたかも重箱を重ねたような体制の中で軍の編成をやっていたということです。これでは上皇と武士は遥かに離れてしまい、なかなか忠誠を得ることはできません。

一方で、鎌倉幕府の武士は、明確な主従関係に基づいていました。わかりやすい事例として、源頼朝が起こした治承四(一一八〇)年の最初の挙兵を考えましょう。頼朝は、七〇～八〇人いた武士たちを一人ずつ別室に呼んで、「ほかに武士はたくさんいるが、自分が信用しているのはお前だけだ。だから頼むぞ」という言い方をしています。

もちろん言われたほうも、「頼朝様は一人ずつ部屋に呼んで、お前だけが頼りだと言っているが、ほかの連中にも同じことを言っているのだろうな」ということぐらいはわかっていま

後鳥羽上皇の肖像画（水無瀬神宮蔵）

す。しかしそれでも「お前だけが頼りだ」と言葉にして直接言われるのと、遙か上のほうから命令が降ってくるのとでは、やはり意味合いが異なるのです。

また、頼朝に呼ばれて「お前だけが頼りだ」と言われたその武士にも、自分の土地に帰れば、「お前だけが頼りだ」と言って手をとる家来がいます。そうした形で主人と従者が一対一で結びつく、こうして主従関係で結ばれた一つのピラミッドができあがります。承久の乱では、その強固なピラミッドの力が十二分に発揮されたというわけです。

「ツリー」と「リゾーム」

このとき大事なのは、一人の主人は複数の家来を持つけれども、一人の家来は必ず一人の主人しか持てない、ということです。これはまさに「家」の構造そのものです。親は複数の子どもを持つことができますが、子どもは複数の親を持つことができないのと一緒です。

本書の第三章で、僕は主従関係とはまさに「家」を単位としたものであると述べました。つまり「家」が、「家」の構造で積み重なったピラミッド――それが、僕が言いたたかった「ツリー」の正体です。武家の棟梁が世襲するという場合、「家」とともにこうした「ツリー」そのものを世襲することを意味しました。「地位」に何の意味もなかったとは言いませんが、「地位」はあくまでもこのあとについてくるものだったのです。

さて、こうしたツリーと正反対のものに、「リゾーム」というものがあります。リゾームとは、頂点はもちろん、始まりも終わりもなく、無秩序に多方面に広がっていく非階層性の社会のあり方です。非階層性ということは、タテではなく主にヨコにつながっていき

【ツリー】

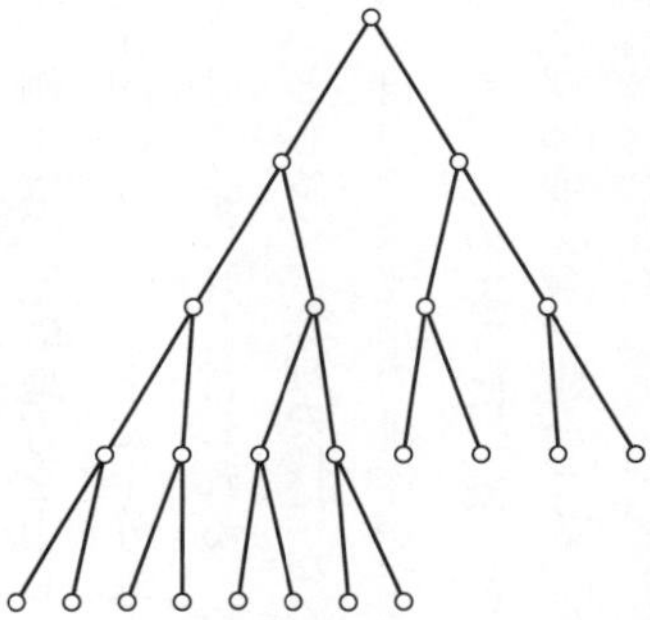

1対多のタテ関係で結びついた階層構造

【リゾーム】

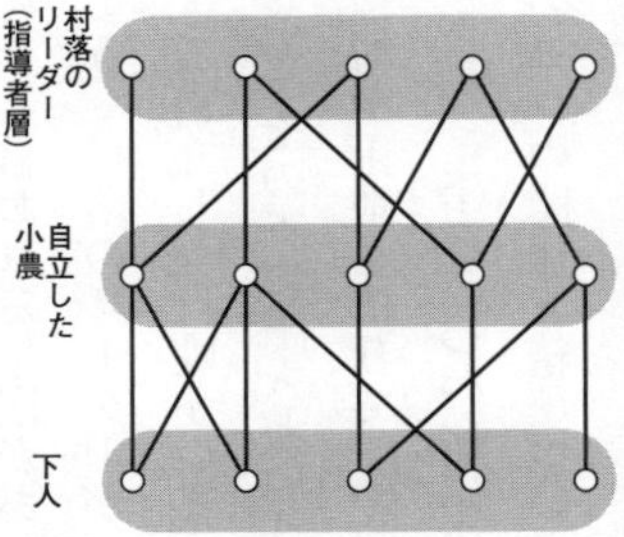

多対多のヨコ関係で結びついたネットワーク構造

ます。例えば、近畿地方を中心に広がった「惣村《そうそん》」と言われる集団があります。

具体的には、一番上に半分武士で半分農民のようなリーダーがいます。その下には本百姓、脇百姓と言われる、自分で生産ができる自立した百姓がいます。これが数としてもっとも多く、惣村の核になる部分です。そして、その下に下人《げにん》という層がありますが、これは自力では翌年の耕作ができず、百姓から種籾《たねもみ》や土地を借りて、翌年の耕作をする人たちです。このように「家」と同じようなタテ型の、主に三つの層に分けられるのですが、その内部は「一対一」ではなく「多対多」のヨコの関係で結びついている。その意味で「惣村」はリゾームの一つの典型と言えるでしょう。

リゾームには、「惣村」のほかに「講《こう》」や「一揆《いっき》」があります。じつはこういうものと、例えば一向宗《いっこうしゅう》(浄土真宗)は、非常に相性がいいのです。リゾーム型の組織は、アンチタテ社会であり、タテの結束よりも平等を尊《とうと》びます。阿弥陀仏《あみだぶつ》の前における平等、つまり誰もが「南無阿弥陀仏」を称《とな》えれば極楽に行けると説く浄土真宗は、すさまじい勢いで惣村の中に浸透していきました。

しかしこれは、ピラミッドの裾野を果てしなく広げ、フロンティアを求めようとする

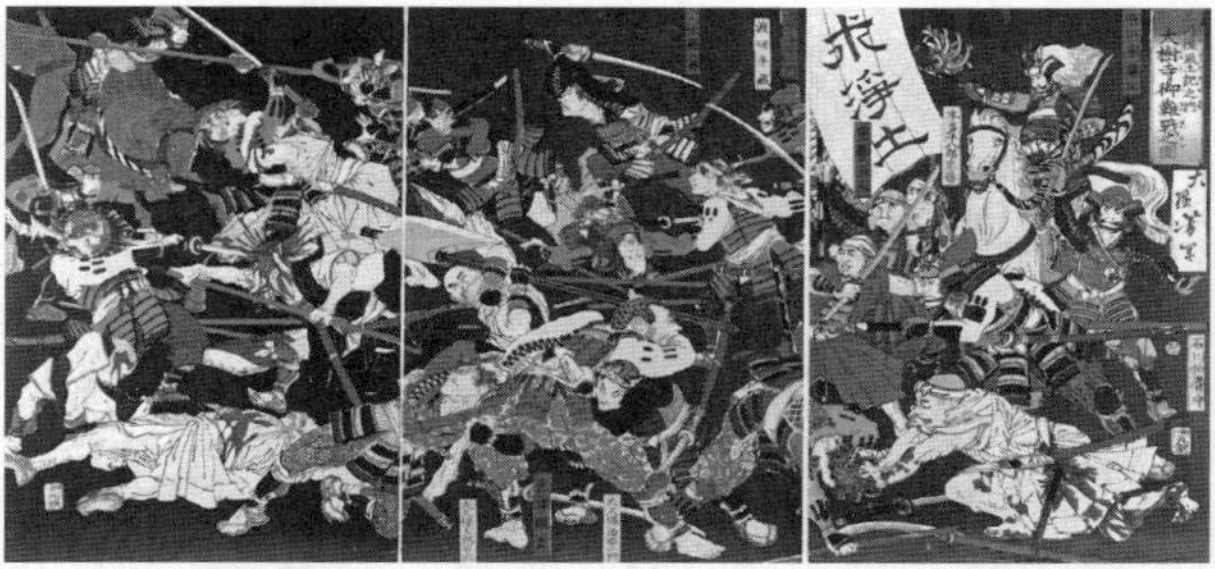

三河一向一揆を描いた月岡芳年の「三河後風土記之内大樹寺御難戦之図」（岡崎市所蔵）

「家」とは正面から衝突する運命にありました。そのため織田信長《おだのぶなが》と一向宗の戦いは、タテ対ヨコの原理原則の戦いとなり、血なまぐさいものとならざるをえませんでした。信長は、長島《ながしま》では二万人、越前《えちぜん》では一万二〇〇〇人を殺戮《さつりく》しています。

またリゾーム型の組織には一神教が入って来やすいという特徴があります。「南無阿弥陀仏」の一向宗は、仏教ではありますが一神教的なところがあります。阿弥陀様の前での平等を説くからです。それと似ているのがキリシタンです。

ですから江戸幕府も、島原《しまばら》の乱を徹底的に潰すしかなかったのです。これもやはり大変血なまぐさくなり、島原の乱では三万人、原城《はらじょう》に立て籠《こも》った信者全員が殺されたと言われています。

朝廷はなぜ「雑訴の興行」を始めたか

話を戻すと、鎌倉幕府の勝利で終わった承久の乱のあと、当然のことですが、朝廷は改革を求められました。その最大のポイントは、税の問題でした。それまでの朝廷にとって、徴税は当然のことであり、民の側から「なぜ出さなければいけないのか」と反駁《はんばく》されても、「昔からそう決まっている」あるいは「朝廷は偉いから」と言うだけで十分でした。ところが、武士に朝廷が負けてしまったという厳然たる事実の前に、それが機能しなくなってしまったのです。

そこで朝廷が進めたのが、納税者(タックスペイヤー)に対するサービスでした。あえて「サービス」という言葉を使いましたが、これは「徳政《とくせい》」のことです。これからは徳のある政治、徳政をやるので、税を納めてくださいと方針転換をしたわけです。

のちの時代にも「徳政令」というものがあり、借金棒引き政策だというイメージがありますが、本来の「徳政」は読んで字のごとく、徳のある政治という意味でした。この時代に徳政という言葉が行き渡り、その後、「民にとってもっともありがたいのは借金棒引きだろう」と借金を棒引きにする法令＝徳政令が出されるようになったのです。

本来の徳政には二つの柱がありました。その一つとして、まず朝廷が考えたのが「雑訴《ざっそ》の興行《こうぎょう》」です。雑訴というのは下々の一般的な訴訟のことで、興行はそれを大いに行うということですから「これまで以上に頑張って訴訟をやりますよ」という意味です。逆にいうと、「これまで朝廷は下々の一般的な訴訟には関わってこなかったけれども、今後はしっかりと向き合います」と、政権の方針として掲げたのです。

ただし、「下々」といっても、まだ「市民」というものが存在していない状況ですから、江戸時代に町人がお上に訴える、というイメージで考えられるようなものではありません。「昨日、押し込み強盗に入られました。百両盗まれました。何とか犯人を捕まえてくださいい」というような訴えは、鎌倉時代にはまだなかったのです。寺の僧くらいのレベルの訴えについて、朝廷が対応しようという動きが出てきたということです。

こういうことをやりながら、「やはり朝廷はきちんとした政治組織だ。立派な政治権力だ」という評価を受けることで、「では、税金を払おうではないか」という結果に結びつける。つまり、雑訴の興行を行うことによって、政治的な信用を取り戻そうとしたのが一つ目の柱でした。

出世できる「家」、できない「家」

そこで問題になってくるのが、もう一つの柱である、人材の抜擢《ばってき》です。どのような人材を抜擢して、「雑訴の興行」に当たらせるかが大事になってきます。古代から日本には科挙がありませんでした。

このことが意味するのは、優れた人材の供給システムが朝廷にはなかったということです。世襲で仕事や地位が受け継がれる貴族政治は、家柄が固定されますから、完全に伝統の世界であり、その人がどのような家柄の出なのかだけが問題になる世界が変わることなく続いていたのです。

朝廷の最高位は皇族です。皇族の下にいるのが一番身分の高い貴族で、摂関家と言われる藤原本家です。この摂関家は五つありました。藤原本家の中でもっとも中心的な家が近衛家、近衛家のライバルが九条家、近衛家の分家が鷹司《たかつかさ》家、九条家の分家が二条家と一条家です。この五つの家が五摂家と言われ、明治時代まで引き継がれていきます。

その次の家柄として大臣家がありました。これは、要するに内大臣、右大臣、左大臣、太政大臣になる家です。それぞれの大臣は一人ずつで、大臣になると名前の下に「公《こう》」が

摂関家	太政大臣、左大臣・右大臣、内大臣になり、さらに摂政・関白になる上級貴族。近衛家、九条家、鷹司家、二条家、一条家。
大臣家	摂関家に次ぐ上級貴族。
羽林家	大臣家に次ぐ上級貴族だが、大臣にはなれず、大納言、中納言まで。
名家	朝廷の実務をこなす中級貴族。中納言まで昇進できる。

それぞれの家の家格と主な昇進コース

つきます。たとえば、藤原道長は「藤原道長公」となります。ときどき戦国大名に公をつけて「加藤清正公」などという呼び方をする人がいますが、これは間違いです。もっとも豊臣秀頼公や徳川家康公などは大臣になっているので、公をつけても間違いありません。

それで言うと、テレビドラマで、「こちらにおわす御方をどなたと心得る、先の権中納言、水戸光圀公《みとみつくにこう》にあらせられるぞ」というのは間違いで、あれは公ではなく、公の下の「卿《きょう》」をつけて「水戸光圀卿」とするべきなのです。ちなみに、先にも述べた「公卿」という言い方は、この公と卿を合わせた言葉です。

この大臣家の家柄はさらに三つに分かれます。一番下は内大臣で止まる家。二番目の家は、右大臣と左大臣を飛ばして一足飛びに太政大臣になれる家。一番偉いのが内大臣、右大臣、左大臣、太政大臣という階段を一つずつ上がれる家です。

平清盛は内大臣からすぐに太政大臣になりました。ところが、三代将軍源実朝は内大臣の次に右大臣になりました。そこで甥の公暁《くぎょう》によって暗殺されたのですが、右大臣になったことで、よほどの失敗がない限り左大臣、太政大臣と昇進することは約束されていました。つまり、実朝は清盛よりもエリートコースを歩んでいると考えられていたということです。

三番目の家柄として羽林《うりん》家というものがあります。羽林というのは、近衛《このえ》少将《しょうしょう》、近衛中将《ちゅうじょう》の別名で、中国風の言い方です。先ほど水戸黄門の例を出しましたが、黄門、すなわち黄色い門というのは中納言の中国風の言い方になります。それと同じように、日本の官職にはすべて中国風の言い方があるのです。この羽林家というのは、まさに公卿の業務、つまり中納言、大納言になる人たちで、大臣にはなれません。

世襲によって決まった出世コース

摂関家、大臣家、羽林家は、すべて同じような昇進の仕方をしていきます。たとえば羽林家は、近衛少将から始まりますが、少将、中将には右と左があるので、右近衛《うこんえ》少将、左《さ》近衛《こんえ》少将を経て、右近衛中将、左近衛中将となります。

そして近衛中将がさらに偉くなると、蔵人頭《くろうどのとう》という、天皇のお側近くのことを取り仕切るボス的存在を兼ねるようになります。彼らは頭中将《とうのちゅうじょう》と呼ばれます。そのさらに上が参議で、この参議以上が朝廷のことを決める会議の正式メンバーになるのです。この参議は八人おり、欠員が生じたときは必ず蔵人頭から選ばれます。したがって蔵人頭になるということは、いつかは必ず参議になれる出世コースに乗ったということです。

参議の上は中納言で、これは人数が決まっていません。時代が下ると増えます。鎌倉時代には二〇人ほどいました。中納言の上の大納言も人数は決まっていません。およそ二〇人かと思います。つまり、三番目の家柄の羽林家の人たちは、大納言まで昇進できる人たちなのです。大納言まで行くと肩たたきされ、軍隊でいうところの予備役に回ります。

また、こういう武官系で出世していく家のほかに、四番目として名家《めいか》というものがあります。彼らは、近衛少将、近衛中将からではなく、実務官として昇進していきます。蔵人頭の部下の五位蔵人《ごいのくろうど》から出世が始まり、「こいつはなかなか見どころのあるやつだ」となると弁官《べんかん》になります。

これにも小、中、大と左、右があります。一番偉いのが左大弁《さだいべん》、その下が右大弁《うだいべん》、それから左中弁《さちゅうべん》、右中弁《うちゅうべん》、左少弁《さしょうべん》、右小弁《うしょうべん》となります。これらはすべて一人ずつです。これに加えて権弁《ごんのべん》というのがもう一人いますから、弁官は全部で七人です。「権」はすでに述べたように仮という意味で、権右小弁であることもあれば、権右大弁であることもあり、そのときの人の配置によって決められます。

蔵人と弁官は、力を合わせて朝廷の実務をこなします。朝廷は儀式ばかりやっている印象がありますが、儀式をやるにしてもお金は必要ですし、人間や物資も欠かせません。そうした裏方的仕事に携わるのが、実務官である蔵人と弁官です。

彼らはやがて蔵人頭になります。弁官でありながら蔵人頭を兼ねるのです。こういう人を頭弁《とうのべん》と言います。蔵人頭の定員は二人で、頭中将二人のときもあれば、頭弁が二人のときもあるし、一人ずつのときもあります。

実務官として昇進していった人たちも、そのあとの出世コースは同じです。参議になり、中納言になり、大納言になる。もっとも彼らは参議になれば、「あなたの貴族人生は大成功」ということで肩を叩かれてしまうことが多い。中には中納言まで頑張る人がいますが、ここで「わかっているでしょう」と肩を叩かれて辞めることがほとんどです。鎌倉後期には面《つら》の皮を厚くして大納言まで行った人も二〇人ほどいますが、彼らもさすがに内大臣にはなれません。

これらの四つの家柄では、蔵人頭や参議になる年齢がまったく違ってきます。実務官から上がっていく人は四〇歳ぐらい、場合によっては五〇歳ぐらいでやっと蔵人頭になりますが、上位の家柄の若様は二〇歳で蔵人頭になります。一番、二番、三番までの家柄の人たちは出世が早く、四番目の名家の人たちは出世が遅いというわけです。家柄は変えられないので、お父さんがどういうコースを通ったか、お祖父さんがどういうコースを通ったかですべてが決まる。まさに世襲の世界なのです。

きわめて日本的な人材抜擢

まとめると、朝廷は承久の乱後の改革の柱として、「雑訴の興行」に取り組むことを決め、そのための人材を抜擢して新たな体制をつくらねばならなくなりました。しかし、科挙のない日本には人材のストックがありません。そこで、結局四番目の名家層にいる実務官たちを活用したのです。

つまり、上皇と名家の人間が結びつくことによって、雑訴の興行＝徳政をやる、そのことによって朝廷の性格を新たにし、徴税を計ろうということです。社長直轄のプロジェクトチームをつくり、役員や部長を抜きに、社長と第一線の社員とで現場の問題に当たる改革を進めたのです。

それまでの上皇あるいは天皇は、「君臨する君」でした。君臨さえしていれば、問題はなかったのです。しかし朝廷が武士に負けるという天地がひっくり返る事態が発生したので、それだけではダメということになり、「統治もする君」になった。この場合の統治はサービスで、その実現のために手足として働いたのが、名家の人たちだったということになります。

しかしここに、きわめて日本的な風景が見て取れます。実務をこなしている名家の人たちに政治的な権限を与えて雑訴の興行をやろうというのであれば、そもそも大納言や大臣の位にいるほとんど仕事をしない人たちを辞めさせて、名家の人たちを大納言や大臣に任命すればいいように思いますが、それはできないのです。

結局、摂関家、大臣家、羽林家といった人たちは、以前と変わらず偉いのです。仕事をしていない、偉い人はそのままとっておく。そして名家の人たちは、相も変わらず中納言になると「はい、さようなら、お疲れ様でした」といって肩を叩かれる。その辺りが日本的で面白いところです。

また、名家の人たちを抜擢するといっても、彼らの中にも仕事のできる人とできない人がいるわけです。では、できない人には仕事をさせないのかというと、そうでもない。つまり、名家に生まれた人たちには、一律に上皇と結びついた仕事をさせるのです。つまり、個々人の能力を見て「こいつはよくやるから重用しよう、出世させよう」ではないのです。そのため抜擢する範囲も、せいぜい名家層を登用するというところまででした。そういう意味では、人材の抜擢といっても中身は、結局世襲だったのです。

朝廷改革の顚末

本章の最後で、この改革の顚末《てんまつ》をお話ししておきたいと思います。

上皇もしくは天皇が出す文書として、官宣旨《かんせんじ》というものがありました。これは格の高いものであり、大臣家もしくは羽林家の人たちが上卿《しょうけい》という立場から、必ず作成に関わりました。

上卿というのは、その日の担当政務官とでも言うべきもので、彼らが陣頭指揮を執って官宣旨をつくるのです。もちろん最終的にそれをオーソライズするのは、上皇であり天皇なのですが、上級貴族である上卿が大きな役割や権限を持っているのが官宣旨です。

ところが鎌倉時代に入ると、官宣旨は急速に出されなくなります。その代わり増えてくるのが院宣《いんぜん》というものです。官宣旨の場合は、少なくとも五人の貴族が関わる必要がありますが、院宣は上皇と先ほど述べた名家の人たち、つまり蔵人もしくは弁官だけで、簡単に作成することができます。そのため院宣が、官宣旨を駆逐して増加していったのです。

この院宣をつくるとき、蔵人もしくは弁官のほかにもう一人関わることのできる人がいました。それが伝奏です。伝奏は、上皇への報告や上奏を取り仕切り、勅旨《ちょくし》の伝達を行う最側近です。名家の中でも特に選ばれた人が就く官位で、中納言まで昇進して一度お役御免になったあと、「お前を引退させるのは忍びないから、伝奏として私のそばにいてくれ」という形で上皇から任命されるのがもっとも多いケースです。したがって、基本的に伝奏は予備役の人が就くポジションと言えます。

上皇が人材を抜擢するという意味では、もっともふさわしい人が選ばれることになるので、院宣がどれくらい出ているかを調べ、次に誰がつくっているかを調べ、そのうち伝奏が関わっていた割合を調べてみると、上皇がどれだけ自分の一番のお気に入りと仕事をしているかがわかります。伝奏がつくる院宣の数は右肩上がりに増えていって、後醍醐天皇の父親である後宇多《ごうだ》天皇の時代には、七〇パーセントに及んでいます。後宇多天皇の政治は、まさに伝奏が支える政治だったのです。

ところが興味深いことに、そのすぐあとの後醍醐天皇は、院宣ではなく綸旨《りんじ》というものを多用しています。もちろん伝奏も綸旨に関わることはできるのですが、伝奏が関わった院宣の割合が四パーセントにまで落ちているのは異常事態でしょう。これは後宇多天皇がつくり上げた伝奏グループが、後醍醐天皇にはそっぽを向いてしまったということを表しています。

承久の乱以降、朝廷は徳政を掲げて人材の抜擢を進めてきたわけですが、それがもっとも有効な形になったのは伝奏です。しかし、その人材が後醍醐天皇にはほとんど協力していないのです。一般的に後醍醐天皇という人は、それまでの朝廷の努力が実り、その成果を受け継ぐ形で鎌倉幕府を倒すことに成功したと思われていますが、その考えは成り立たないことになります。

すでに述べたように、後醍醐天皇より後鳥羽上皇のほうがよほど武士の団結の切り崩しに成功していました。そんな後醍醐天皇でさえ鎌倉幕府を倒すことができたわけですから、鎌倉幕府滅亡は朝廷の改革がうまくいった結果というより、鎌倉幕府が自滅しただけと考えるべきでしょう。

第七章　足利尊氏はなぜ北朝を擁立したか？

南北朝時代の到来

第五章で触れたように、四代将軍藤原頼経の父親は九条道家です。この人物は、自分の息子が幕府の将軍になっていること、つまり幕府の後押しを受けやすい立場であったことを最大限に利用して、当時の京都政界を牛耳っていました。彼の時代は二〇年ほど続き、前章で述べた「徳政」もほとんどは道家が考え出したものです。

また道家は、後堀河《ごほりかわ》天皇に自分の娘を入内させ、その子どもを四条天皇とすることで摂関政治を復活させました。しかし、彼が次第に力をつけていくと、幕府の道家に対する視線は厳しいものになっていきました。当初こそ、幕府は彼の後押しをしていたのですが、増大していく権勢を危険視し始めたのです。

そのため幕府は、先に述べたように、四条天皇が急死すると道家が推す忠成王に対抗する形で土御門上皇の皇子である邦仁王を推しました。そうして誕生したのが後嵯峨天皇です。同じ時期、鎌倉では頼経が名越、三浦といった反北条勢力と結びつき、北条執権と対立しましたが、結局排除され、京に送り返されています。その跡を継いだ五代将軍藤原頼嗣も建長三(一二五一)年の千葉一族の謀反計画への関与が疑われ、翌年、解任されたのちに京に送還されました。この報せを聞いた九条道家は、その翌日に急死しています。

二代続いた摂家将軍に代わって六代将軍に就いたのが、後嵯峨天皇の皇子である宗尊親王でした。後嵯峨天皇自身はというと、在位四年で後深草《ごふかくさ》天皇に譲位し、院政を行いました。幕府もこれを熱心にサポートし、そうした蜜月状態の中で、中級貴族を抜擢しながら徳政を推し進めていったのです。

後嵯峨天皇は後深草天皇に皇位を譲って院政を開始しましたが、そもそも後継の本命と考えていたのは後深草の弟である恒仁《つねひと》親王（亀山《かめやま》天皇）でした。そのため後深草に皇子が生まれるのを待たず、恒仁親王を皇太子とし、後深草が病を患《わずら》ったことをきっかけに譲位させてしまいます。その後、後深草に皇子が生まれたものの、後嵯峨上皇は亀山天皇の皇子（世仁《よひと》親王〔後宇多天皇〕）を優先させるよう指示しています。

結局、後嵯峨上皇が死去し、亀山天皇が後宇多天皇に譲位したところで幕府が介入してきました。後深草の不満を受けた幕府が、次の皇太子として後深草天皇の皇子である熙仁《ひろひと》親王（伏見《ふしみ》天皇）をねじ込んできたのです。

こうすることで、熙仁親王が即位して伏見天皇になったとき、父である後深草上皇の院政が始まります。すると結果的に亀山上皇の政治力が減退します。

こうして後深草天皇の血統を「持明院統《じみょういんとう》」、亀山天皇の血統を「大覚寺統《だいかくじとう》」と呼ぶ「両統迭立《りょうとうてつりつ》」の状態が生まれたのですが、言うまでもなく幕府が恐れたのは、朝廷が力を持つことによる後鳥羽上皇の再来でした。こうした恐れが、幕府による皇位継承への介入をもたらし、のちに後二条《ごにじょう》天皇の践祚《せんそ》と、その父親である後宇多上皇の院政の開始をもって幕府が両統迭立を公式に認めたことで、この状態が以降も続くこととなります。

しかもそれは、皇室の二つの血統が日本中を二分して争う、南北朝という未曾有《みぞう》の時代を生み出すのです。結局、幕府が「この人はいい」「この人はダメ」と皇位継承に口出ししはじめたとき、両統迭立は起きました。これは僕の意見であって、まだ定説にはなっていないのですが、おそらく鎌倉幕府は天皇家を意図的に割ったのではないでしょうか。皇統を二つにして、お互いに牽制し合わせることによって朝廷の力が削がれたのは事実ですし、それによって利益を得たのが武家政権だったことは明らかです。

徳川家康が本願寺《ほんがんじ》を東本願寺と西本願寺に分けることによって、本願寺の力を削いだのは、この鎌倉幕府の手法に倣ったのかもしれません。天皇家の人々にとって、ライバルは身内にいるということになりました。天皇家の中で争いが起きることになれば、幕府は安泰です。

興味深いのは、たしかに天皇家は内部にライバルを抱えたのですが、その結果、「我々のほうがよりよい徳政ができるぞ」ということで、それまで以上に人材の抜擢を行い、徳

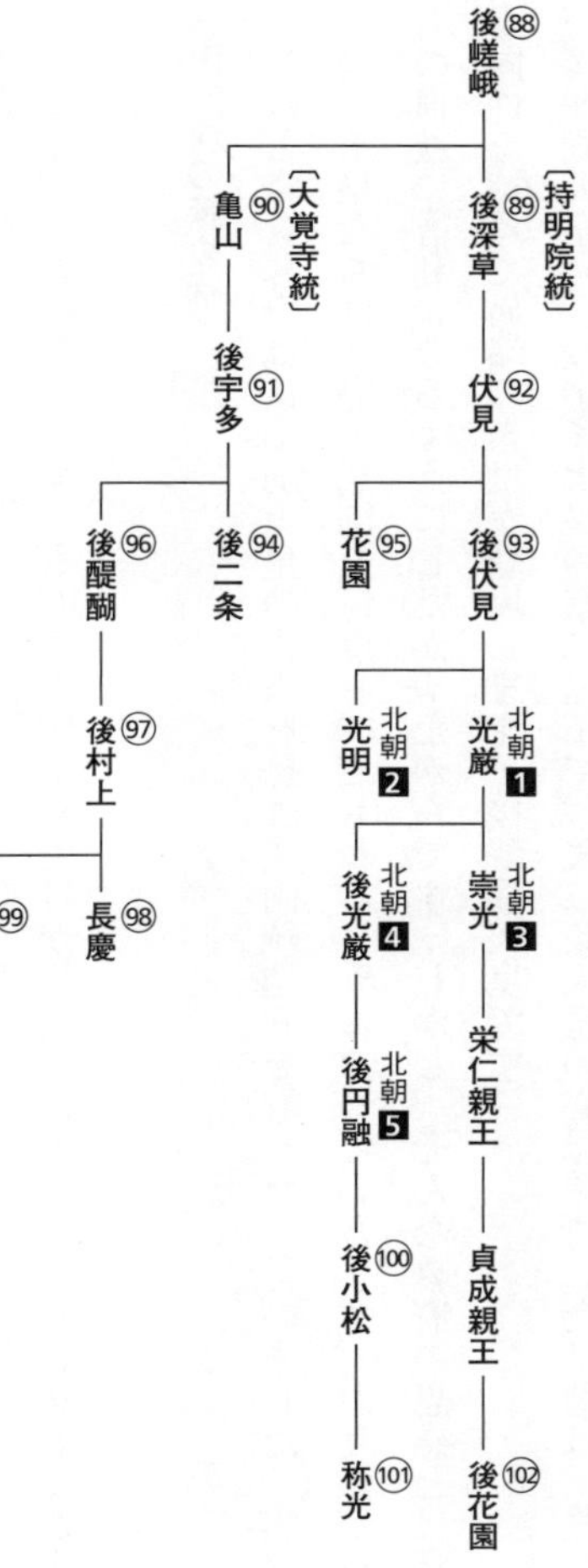

天皇系図2

政の成果を上げるべく努力するようになったことです。だから、この時期の天皇は勉強好きも多く、名君ぞろいです。もちろん、それだけが理由ではないかもしれませんが……。

吉田定房の諫め状

先ほど鎌倉幕府は後鳥羽上皇の再来を恐れ、両統迭立を計ったと言いました。実際にその後、上皇たちは幕府の意向を忖度《そんたく》し、おもねるようになっていきます。お互いが自分たちの血統に有利になるようにしたかったからです。しかし、そんな幕府の思惑とは真逆の志向性を持った異端の天皇が登場します。後醍醐天皇です。

後醍醐天皇は、後宇多上皇の第二皇子で、後二条天皇の異母弟でした。彼は、後二条天皇が早世してしまったため、その皇子が成長するまでの中継ぎとして天皇となったのです。しかし、後醍醐天皇はじつは政治に強い意欲を持っていました。両統迭立の中では自分の皇子を自由に天皇にすることはできず、そうなれば上皇となって院政を行うこともできません。そこで両統迭立を破壊するべく、倒幕を志《こころざ》すことになるのです。後鳥羽上皇の再来を恐れていた幕府は、両統迭立によってとんでもない鬼っ子を呼び寄せてしまったことになります。

さて、その後醍醐天皇の重臣に、第五章で述べた吉田定房という人物がいます。彼は鎌倉幕府を倒して建武政権ができたとき、内大臣に抜擢されます。これは異例の事態です。当時の人材抜擢の限界は、有能な中級貴族に仕事は与えるけれども、その仕事がいくらできても上級貴族が就いている地位に出世できるわけではない、というところにありました。それは世襲が強かったからです。基本的には中納言でお役御免。ごく稀《まれ》に大納言まで行く人がいましたが、それですら例外中の例外でした。

ところが吉田定房は、すべての前例を破って内大臣になるのです。逆に言えば、それほど特別な人でした。その彼が建武政権(後醍醐天皇朝)の成立以前には、後醍醐天皇に対して「倒幕などおやめなさい」と諫《いさ》めてさえいるのです。

その「諫め状」が残っています。左に掲げたのは、十箇条ある内の九条のそのまた一部です。

一　本朝の時運興衰の事

異朝は紹運《しょううん》の躰《てい》すこぶる中興多し。けだしこれ異姓更に出ずるが故《ゆえ》のみ。本朝の刹《せつ》利天祚《りてんそ》一種《いっしょう》なるが故に、陵遅日《りょうちひ》に甚《はなは》だしく、中興期《ご》なし。これ聖徳の観見したまうところなり。

これは次のような内容です。「異朝、すなわち中国王朝継続の姿を見ると、中興、つまり再び盛り返すことがしばしば起こっている。これはなぜかというと、姓が易《か》わる者が出てくる(易姓《えきせい》革命)からだ。ところが、日本の天皇は万世一系であるがゆえに、次第に衰えていって、中興を期待することができない。これは聖徳太子がすでに見抜いていらしたことである」。

僕はこれまでこの史料を、「日本人は、これまで万世一系は素晴らしいと思ってきたが、この文章では万世一系は明らかにマイナスポイントと言っている。だから万世一系というのは、必ずしもいいのではない」という意味で受け止めてきました。それはそれで、間違いではない。ものすごく大きな意味があります。

ですが、「異姓更に出ずるが故のみ」、つまり中国では易姓革命が起きるということですが、それがどうして「中興」につながるのか。ここがいまいち理解できず、ずっと引っかかっていたのです。各王朝は滅びてしまうわけですから、「中興」じゃないじゃないか、と不思議に思っていたのですが、最近やっと正しい理解にたどり着くことができた気がしています。そのヒントは、「魔法少女まどか☆マギカ」というアニメにありました。

「魔法少女まどか☆マギカ」が教えてくれたこと

そのアニメに出てくる「キュゥべえ」という魔法の使者が、人間に「豚を見ろ」と言うシーンがあります。豚一匹一匹は家畜として食われてしまう悲しい存在かもしれない、しかし全体として見ると膨大な数の豚が人間によって生産されている、つまり絶滅した生物がいる一方で、豚という種はとても栄えているではないか、というわけです。

そして、キュゥべえは人間も同じだと言います。人間は俺たちのおもちゃみたいなものだが、だからこそ生かしているのだ、中には不幸な死に方をする人もいるかもしれないが、種全体としては栄えているからいいではないか、と。キュゥべえは、豚と人間を同じ動物として、完全に相対化して捉えているのです。

この諫め状が言っていることも、じつはそれと同じです。つまり、異朝＝「中華皇帝《ちゅうかこうてい》」というのは、秦《しん》や漢《かん》というようなそれぞれの王朝の皇帝を指しているのではありません。「中華皇帝」を、王朝が交代しても変わらない、普遍的価値を持ったある種の全体的な概念だと捉えれば、一つの王朝(姓)が滅びても、新しい天命が下って、ピカピカの皇帝が再び誕生するだけです。これを指して、易姓革命によって中興がある、つまり「中華皇帝」は常に輝いていると言っているわけです。

大陸において、「中華皇帝」の普遍的価値を保証するのは「天《てん》」です。天が保証する「中華皇帝」という、時代をも超えた概念があるからこそ、それぞれの王朝は栄えようが滅びようがどうでもいい、相対化された存在に過ぎないのです。

ところが、易姓革命が存在しない日本では、天皇という王権を相対化することができません。天皇家は天皇家として、世襲によってどこまでも存続しなければならないのです。しかし、万世一系であるがゆえに、不慮《ふりょ》の事態などで次第に先細りしていくのは避けられません。だから、立て直すこと(中興)は非常に難しい。いまあなたが幕府を倒そうなどという暴挙に出れば、天皇家は本当にそうなってしまいますよ。滅びてしまいますよ。そういうことを定房は言いたかったのだと思います。

日本には大陸で言うところの「天」がありません。日本の「お天道さま」には特定の神格がないのに対し、中国の「天」は天帝であり、キリスト教やイスラム教の「天にましま す父なる神」に近いのです。日本には「天帝」はなく、ほかに替えようがない天皇という唯一無二の「存在だけ」が重要だと考えているのです。この定房の諫め状からは、日本と中国で「皇帝」の捉え方が根本から違っていたことがよく伝わってきます。

足利尊氏は「婆娑羅大名」の元締め

源頼朝によってつくられた鎌倉政権(幕府)は、いわば「在地領主の在地領主による在地領主のための政権」であったと言えます。それまでは、ご先祖様が荒れ地を開拓し、大切に受け継いできた自分たちの土地が、朝廷の出先である国衙(国司)に収奪されるのを防ぐために「寄進」という名義借りをしていました。しかし、結局自分たちの権利がないがしろにされる、不安定な状態が長く続きました。これをどうにかするべく、関東を中心とした在地領主たちが立ち上がったのが、鎌倉幕府の原点でした。

そのため、鎌倉政権は在地領主の「家」の集合体であり、トップに君臨する北条得宗家もまた「家」そのものとして経営されてきました。こうした在地領主の経営体としての「家」の特質として、『文明としてのイエ社会』では「分裂増殖性」を挙げています。これは鎌倉期の「家」が分割相続を原則としていたことによるものです。実際に庶子や女性にも一定のルールの下で、比較的平等性の高い分割相続が行われていました。

鎌倉時代の中期頃までは、こうした初期の特質を保持しながら、「家」が発展・存続していくことは可能でした。それは分割するべき土地が、無限に広がっているように思われていたからです。しかし元寇《げんこう》によって、自らの土地が外国に侵略されるかもしれないということが意識されたとき、それは危機を迎えることとなります。

こうして土地に対する疑念とともに生じた現象の一つとして、当時勃興してきた商品経済やそれにともなう貨幣経済の活性化があります。その担い手こそ、「家」から出て、新しい世界に飛び込んだ人たちでした。彼らの生活基盤は、土地そのものというより、貨幣や流通物資の中にありました。そして新たな価値観や文化を身にまとい、土地を基盤とした従来の価値観とは一線を画す輩《やから》を、人々は「悪党《あくとう》」と呼びました。

この悪党こそが、中世の新しい段階を拓《ひら》いたとして、網野善彦先生は評価しています。また同様の存在として、鎌倉時代末期から南北朝時代に台頭してきた「婆娑羅」と呼ばれる人たちがいました。彼らはともに既成の秩序に反旗を翻し、自由を求めました。そして新しい経済や文化を生みだしもしましたが、当然、既成勢力からは排除され、忌《い》み嫌われました。

南北朝時代には婆娑羅的な振る舞いをする大名まで現れましたが、こうした大名のことを批判的なニュアンスを込めて「婆娑羅大名」と呼びます。その代表格が、高師直《こうのもろなお》、佐々木道誉《ささきどうよ》、土岐頼遠《ときよりとお》です。中でも土岐頼遠は、道で行き会った光厳《こうごん》上皇の牛車に対して、酒に酔った勢いにまかせて「院《いん》というか、犬《いぬ》というか。犬ならば射て落とさん」と弓を射かける狼藉《ろうぜき》を働いたことで知られています。結局、足利直義《ただよし》によって捕縛され、六条河原《ろくじょうがわら》で首を斬られましたが、勇猛果敢な猛将として、また和歌などの文化の担い手として愛されたこの婆娑羅大名には、多くの助命嘆願の口添えがなされたということです。

頼遠はさすがに破格と言えますが、婆娑羅大名の典型と言われたのが高師直です。その師直が、天皇について「王(天皇)だの、院(上皇)だのは必要なら木彫りや金の像でつくり、生きているそれは流してしまえ」と言い放ったという話が『太平記』に記されています。

この言葉は、「流してしまえ」と悪態をついているので天皇を否定したものだと考えられていますが、僕はそう思いません。これは逆に「必要なら木彫りや金の像でつくり」のほうに重点があり、木彫りや金の像でつくってでも必要なのだと言っているのです。

足利尊氏と考えられていた肖像画。現在は高師直が有力
（写真提供：@KYOTOMUSE〔京都国立博物館〕）

というのは、南北朝の時代になっても武士たちは、第三章で説明した「職の体系」から完全に脱することができていなかったからです。したがって土地の権利を担保するには、どうしても天皇の存在が必要でした。それが悔しかったがために、このような悪態をついているのです。

婆娑羅大名の典型と言われた高師直は、足利尊氏の執事でした。いわゆる合理主義者で、神仏や朝廷など古くからの権威に敬意を払わなかったと、『太平記』でも批判的に描かれています。

では、なぜこうした人物たちの存在が許されたのでしょうか。それは征夷大将軍が足利尊氏であったからにほかなりません。僕は最近、この尊氏こそが婆娑羅大名の元締めだったのではないかという理解に達しました。そもそも僕にとって長年の疑問だったのは、なぜ南北朝時代が六〇年も続いたのかということでした。というのも、南朝が北朝とまともに戦えたのは初期の数年にすぎません。そのあとは、いわば北朝による放置状態だったのです。

なぜ北朝を擁立した尊氏が放置していたのか、なぜ早期に解決しようとしなかったのかと考えたとき、結局は尊氏にとっては南北朝に分かれている状態がよかったのではないか、と思い始めたのです。つまり天皇を相対化できるという意味で、南朝にも存在価値があったのではないでしょうか。

このように「天皇の相対化」ができる心の状態こそが、この時代に新たに登場した婆娑羅の心情そのものだったと言えるかもしれません。それはまさに、「生きているそれは流してしまえ」と言い放った高師直と直接につながるものだったと思うのです。

それでも天皇は必要だった

足利尊氏が建武政権に謀反を起こしたとき、尊氏はギリギリまで後醍醐天皇に対して、「私に征夷大将軍の地位をください」と要望しています。ところが後醍醐は許しません。後醍醐としては、武家政権を認めることはできないのです。尊氏を将軍にしてしまうと武士の政権が出来上がってしまうので、それだけは絶対に許せないというのが後醍醐の基本的なポリシーでした。

しかしこのとき尊氏は、中先代《なかせんだい》の乱で北条の残党に占領された鎌倉に駆けつけ、弟の直義を救い出さなければなりませんでした。そのためには、兵を集めなければなりません。そして兵を集めるためには、ご恩と奉公の主従関係に則って、彼らの土地を安堵する(保証する)、あるいは新しい土地を与えるという条件をクリアしなければならないのです。それができるのは武家のトップである将軍です。

結局、尊氏はそれを強引にやってしまいます。つまり、「お前たちに土地を与えるから、私のために戦ってくれ」と軍勢を集めて鎌倉を奪回したのです。ですが、このとき彼は征夷大将軍ではありませんでした。後醍醐天皇は、「あれは謀反である」と断定しましたが、当然のことだったと思います。

問題は、強引にとはいえ、なぜ尊氏にそれができたのかということです。おそらく、それは彼が「足利殿」だったからです。建武二(一三三五)年、すでに室町幕府は成立していたと、佐藤進一先生は書いています(『日本の歴史9 南北朝の動乱』)。僕はさすがにすごいと思いました。建武二年というのは、まさに中先代の乱が起こった年です。このとき、尊氏が自分の名前以外に何の根拠もなく土地の安堵を行った時点で、すでに室町幕府は成立していたと考えられるからです。これは序章で述べた理屈とまったく同じです。

このあといくつかの曲折はありましたが、建武三(一三三六)年に足利尊氏は京を制圧し、後醍醐天皇の建武政権を転覆させます。そして後醍醐天皇から三種の神器を接収し、光《こう》明《みょう》天皇を擁立します。先ほど、尊氏にとっては南北朝に分かれている状態がよかったのではないか述べ、南北朝の時代になっても武士たちは第三章で説明した「職の体系」から完全に脱することができていなかったと述べました。

つまり本家、領家が京都にいて、その下に現地で働く下司がいる。その下司が武士です。あるいは現地にいるのは地頭で、それが武士です。京都の本家、領家はだいたい貴族です。また、本家が天皇ということもよくあるわけです。だから、天皇や貴族に認めてもらわないと、なかなか地元での土地支配が貫徹しない。言ってみれば、誰一人、土地を独占的に持っていないのです。逆に言うと全員で土地の所有権を保障している。こういう状態なので、貴族がつくった「職の体系」に従わざるをえませんでした。

こうした事実は、まだ武士が、この土地支配の論理を乗り越えるだけの論理や力を持っていなかったことを示しています。だからこそ、天皇をしのぐ大きな力を持っていた尊氏であっても、天皇という存在自体は必要だったのです。

義満は皇位簒奪を目論んでいたか

三代将軍足利義満については、今谷明《いまたにあきら》先生が『室町の王権——足利義満の王権簒奪計画』の中で、義満は皇位を望んだ(簒奪しようとした)という論を述べて話題になったことがありました。ですが、いまでは支持する研究者はほとんどいません。支持者がどんどんいなくなって、なし崩し的に否定されてしまった印象です。

僕の友人の新田一郎《にったいちろう》は、義満は天皇という「地位」を否定したのではなく、「血」を否定しているだけだと述べていました。つまり、天皇が足利義満に取って代わられたとしても、その義満が天皇になるのであれば、天皇という存在自体の否定ではないというわけです。

とはいえ、足利義満が「では、私が天皇になりましょう」と言って、天皇が足利になった場合、それは易姓革命に当たります。ここで問題になるのは、その易姓革命を誰が正当化するのか、ということです。中国では、「天」という概念がそれを正当化してくれます。しかし、そうした概念は日本にはありません。

日本の「天」は自然そのものであって、一神教的な「天」ではないからです。つまり、日本には易姓革命を行う文化的、宗教的、政治的、経済的なバックグラウンドがないということです。そうなると、いかに義満が豪腕であったとしても、そう簡単にはできなかったのではないかと僕は思います。

もっとも、足利義満は、将軍のほうが天皇より上なのだということを実力の違いによって示し、「室町王権」をつくることには成功したと言えるかもしれません。承久の乱以降、朝廷は新規まき直しで、有能な中級貴族を活用して新しい統治ができる天皇・上皇をつくり上げようとしました。ところが足利義満は、その中級貴族を全部、室町殿の下に組織し直したのです。つまり、朝廷の政治をやっていた中級貴族たちを全部自分の家来に編成してしまいました。その結果、彼らの忠義はすべて足利義満すなわち室町殿に向かいました。その姿こそが室町王権と言われるものです。

そうなると、実際に政治をやろうと思っても、天皇・上皇はもう手足をもがれる形になっているわけですから、不可能です。以降、こうした状態は江戸時代が終わるまで続きます。しかし、だからこそ天皇家は存続できたのかもしれません。あとで詳しく見るように、土地支配については「職の体系」を乗り越えるロジックが次の時代に登場します。それでもなお天皇・上皇が存続したのは、それが空っぽの「地位」になってしまったからでしょう。

例えば中国の皇帝は、革命を迎えると殺されたり、自害したりするのが普通です。つまり、いざとなるとトップの地位にある人が責任をとるのです。しかし、「地位」を重視しない日本では、政権が終焉したとしてもトップが死ぬ必要はありません。それは鎌倉幕府の最後の将軍である守邦親王、室町幕府一五代将軍の足利義昭、徳川幕府一五代将軍の徳川慶喜《よしのぶ》、すべてに共通しています。こうしたところにも日本の特徴が色濃く出ていると言えるのではないでしょうか。

第八章 徳川家康はいつ江戸幕府を開いたか？

織田信長と天皇

前章の最後で天皇家の存続について述べましたが、僕はそれがもっとも危うかったのは、信長の時代ではなかったかと思っています。信長はきわめて合理的な精神の持ち主だったと思うのですが、晩年は神になろうとしていたという研究があります。安土《あづち》に建てた摠見寺《そうけんじ》という寺院で自身をご神体にして拝ませていたというのです。自分を神にしようというぐらいですから、「天皇はいらない」と言い出しても不思議ではありません。

その信長のあとに秀吉が出てきました。彼は関白になりますから、一定の敬意とともに天皇を必要としたかに見えます。なにしろ関白というのは、朝廷＝天皇が地位として与えてくれるものですから、ある程度はそうならざるをえません。

それに対して信長は、一度は右大臣にまで昇りますが、突然やめてしまいます。朝廷のような組織はこういうことがいちばん困るので、色々な官職への就任を打診するのですが、信長はなかなか明確な返事をしません。そうしている内に、太政大臣、関白、征夷大将軍のどれかに就くのがいいのではないかという方向性が出たのですが（三職《さんしき》推任問題）、結論が出ないうちに信長は本能寺《ほんのうじ》で討たれてしまうのです。

三職推任問題といっても、朝廷に対する態度を含めて、信長がどのような政権構想を持っていたのかという歴史学上の問題であって、当時そのようなことが問題になっていたということではありません。

信長の行動は複雑です。上洛《じょうらく》した当初は御所を含む京の整備をしていますし、公家の知行地も保証しています。そうかと思えば朝廷の権威を軽んじるかのように、官職就任の打診を無視するような態度をあからさまにしています。ですから先ほどの三職推任についても、どれも信長の意中のポストではなかった可能性が高いと思いますし、そもそもポストにこだわっていたかさえ疑問です。

「職の体系」から「一職支配」へ

豊臣秀吉については、関白就任などから天皇を必要としていたかに見えると述べましたが、実際はもう少し複雑です。というのも、秀吉の段階で土地支配が「職の体系」から「一職支配《いっしきしはい》」へと移行しているからです。土地の支配が天皇の問題を考える際にきわめて大きなファクターであることは、ここまで繰り返し述べてきた通りです。それが大きく変わるわけですから、当然一大事でした。

一職支配とは、例えば秀吉が誰かに土地を与えるといった場合、そのすべてを自らが責任を持って与えるということです。浅野長政《あさのながまさ》に対して秀吉が「いままでよくやってくれた。甲斐国《かいのくに》(山梨県)をやる」と言った場合、甲斐国の石高は二二万石ですが、まさしくこの二二万石をすべて与えるということで、一切を秀吉が保証してくれます。こうした一元的な土地支配のことを、一職支配と言います。つまり、浅野長政は秀吉の一職支配の下、甲斐国のすべてを自分のものにできるのです。

すべてというのは、人民も、土地も、作物も、森も、林も、川も、川で泳いでいる魚も、森や草原で暮らしている動物もみんな長政のものになるということです。ここに天皇や貴族は関係ありません。また甲斐国の中で何か問題が起きて浅野長政が解決できないときは、秀吉に泣きつけば全部解決してくれます(長政の能力が不足していた、となれば彼は処罰されますが)。

こうして秀吉がすべてを保証してくれる状況では、「職の体系」は不要になるので、その頂点に立つ天皇もまた不要ということになります。これがいかに画期的なことであったかは、本書をここまで読んでくださった方にはおわかりいただけるでしょう。

豊臣秀吉は天皇に何を期待したか

このように土地支配に関して、秀吉の時代に天皇は必ずしも必要ではなくなりました。にもかかわらず、この時代に天皇が存続したのは、秀吉の特質でもあるコストパフォーマンス感覚の所産だったのかもしれません。

秀吉は常にコストパフォーマンスを考えて行動する人でした。その実例としてもっともわかりやすいのは、天下を統一する過程で、徳川家康を生き残らせたことです。秀吉の存命中に家康を全力で叩いておけば、のちの大坂夏の陣で秀頼《ひでより》が滅ぼされることもなかったわけです。しかし、その時点で総力を挙げて家康を潰しにかかると、何が起きるかわからないというリスクが当然ありました。お金だって相当にかかります。そういう結論を得たとき、秀吉は「まあ、いいか。家康は殺さないで生かしておこうか」という発想をする人なのです。

城攻めも、いつもコストパフォーマンスを考えて行っています。いちばんいい事例は兵糧《ひょうろう》攻めです。三木《みき》城、鳥取城、備中高松城を秀吉は兵糧攻めにしましたが、あれは味方の兵隊の犠牲を最小限にとどめて相手を降伏させる、コストパフォーマンスが高い攻略法だったのです。

そういう考え方をする秀吉でしたから、天皇はもういらないけれど、せっかく残っているのだから、有効活用したほうがコスパはいいのではないか、このように考えてもおかしくはありません。

そのとき秀吉が想定していた、天皇に与えられる役割はイギリスのカンタベリー大主のようなもの、つまり即位式で王の頭に冠《かんむり》を載せるような役割だったのではないでしょうか。つまり、秀吉に「あなたは王様になりましたよ」という儀式を行ってくれる存在です。実際、現実の力関係としてはそうだったと思います。

たとえば、ナポレオンは皇帝という地位に就く必要はありませんでした。ナポレオンがナポレオンであることとは、実力と実績によってすでに保障されていました。でも、勲章をよけいにもらっておくかというぐらいの意味で皇帝にもなりました。コストパフォーマンス感覚に優れた秀吉なら、ナポレオンのように自ら王冠を被ったかもしれません。結局は病に倒れ、そうはなりませんでしたが、可能性は大いにあったのではないかと僕は思います。

武家政権の基本は主従関係

話を戻すと、織田信長は戦国時代の末期、すでに室町幕府を滅ぼし、大名たちを次々と統合できるだけの絶大な力を持っていました。結局、天下統一まであと一歩というところで本能寺の変で討たれてしまうのですが、その志を引き継いだ秀吉によってなされることになります。

天下人というのは、主従制的支配権と統治権的支配権という大きな二つの権力を持っていることが条件になります。主従制的支配権というのは、軍事指揮権と恩賞です。統治権的支配権は法と政治です。このうちで武家の棟梁にとっては、主従制的支配権がいちばん大事なものでした。

主人は従者の財産を守り、家来は主人のために命を投げ出して戦う。第六章で詳しく見たように「あなたの財産を守りますよ」ということは、「あなたの家を守りますよ」ということです。したがって、武士の家が成立して、その武士の家を守る形で生まれたのが武家政権だったと言えるのであり、その最初のものが鎌倉幕府だったということです。

もちろん鎌倉幕府などといっても、当時は組織立ったものではまったくなく、要するに「頼朝とその仲間たち」だったのです。でも、ツリー状のピラミッドだけはおそらくできあがっていたはずです。

こうした「家」社会の成立については武士のほうが先で、貴族は後続でした。そうなると、中世においては、先進的な社会形態は武家社会だったということになります。つまり貴族は時代遅れだったわけですから、承久の乱で負けてしまったのは当然だったのです。

それは江戸時代も同じです。江戸時代を研究している人が、時代劇のテレビドラマを見てよく言うのが、「それがしは仙台藩の何某《なにがし》でござります」という挨拶は絶対に間違いだということです。というのは当時の武士が名乗る際には、仙台藩とか薩摩藩などということは言わないのです。そうではなく、「伊達陸奥守《だてむつのかみ》の家来」「伊達陸奥守家中《かちゅう》の何の何兵衛」という言い方をします。彼らがもっとも大切にしていたのは、主従関係だったからです。これなども、「家」というものの結びつきの強さを表していると言えます。

徳川家を頂点とする秩序の形成

いまの教科書では、鎌倉幕府の成立は「いい国(一一九二)つくろう鎌倉幕府」ではなく、「いい箱(一一八五)つくろう鎌倉幕府」になっていると序章で述べました。源頼朝が征夷大将軍に任命されたという形式的なことではなく、全国に地頭が置かれ、実質的に頼朝が支配権を握った一一八五年をもって鎌倉幕府成立とするようになったからです。

同じように足利尊氏が室町幕府を開いたのも、かつては「イサミハダノ(一三三八)尊氏」と覚えていたのです。それは、やはり征夷大将軍になったからということなのでした。しかし、尊氏にとって征夷大将軍はおまけのようなものです。実態としては、『建武式目《けんむしきもく》』という室町幕府の憲法を制定した一三三六年、つまり「イサミハダ」の二年前にはすでに室町幕府の全国的な支配はできていたと考えるべきではないかということで、それがいまは教科書に載っています。

しかし、江戸幕府の成立について現在の教科書では、「一六〇三年に徳川家康が征夷大将軍になり、江戸幕府が開かれました」と書いてあります。これはやはりおかしいのです。ところが近世の研究者は、一六〇三年にしがみついています。

頼朝にとっての朝廷の重さと、家康にとっての朝廷の重さを比べると、誰がどう見ても頼朝にとっての朝廷のほうが重かったはずです。家康のときの朝廷などというのは吹けば飛ぶようなものでした。それなのに、朝廷が一六〇三年に、征夷大将軍に任命したことを節目とするというのは、あまりにもセンスがなさすぎると思います。

家康が主従制的支配権を手に入れて天下人になったのは、関ヶ原の戦い（一六〇〇）の直後です。戦いのすぐあとに大坂城西丸《にしのまる》に入った家康は、東軍の各武将に対する論功行賞《ろんこうこうしょう》にとりかかっています。ということは、この時点で主従制的支配権を全国の大名との間に結んでいると論理的には考えられます。大名たちは秀吉とのあいだに設定された主従関係をいったん廃棄し、家康の「徳川家」と新たな関係を紡ぎ直したのです。

言い換えれば、徳川家を頂点とする新しい「家」社会の秩序がこのとき定まったのであり、この一六〇〇年が徳川幕府成立でなくてはいけないだろう、というのが僕の提案です。

終章　立身出世と能力主義

明治の元勲たちは「子孫に美田を残さず」

最後に「世襲」という観点から見たビッグイベントについて述べたいと思います。それは明治維新です。明治政府は、日本の歴史でほとんど初めてと言っていいと思いますが、世襲をなくし、個人の才能に賭けた政権でした。全国から郷土の英才を全部東京に集めて、当時できる限りの教育を施《ほどこ》し、その中からさらに優秀な者を選抜して海外に留学させ、国の命運を若者の才能と努力に託したのです。

このとき、いわゆる明治の元勲《げんくん》たちは、自分の地位を子孫に世襲することはほぼ行いませんでした。個人の財産は別ですが、地位はほとんど世襲していません。つまり能力主義が徹底されたのです。そもそも彼ら自身が才能を頼りに、下級武士から昇り詰めたような人たちでした。西郷隆盛《さいごうたかもり》は、「子孫に美田《びでん》を残さず」と言いましたが、まさにその通りのことをしたのです。

この時代の政治は、薩摩藩や長州《ちょうしゅう》藩出身の人間が要職を独占する「藩閥政治」であると、批判もされることがありますが、実際にはオープンでした。革命政府だったので、スタートこそ薩長で占められたものの、次の世代からは、旧幕臣、旧佐幕派出身の優秀な人材がどんどん採用されていき、実際の政治を動かしていました。この辺りのことは、人事を見ていけば明らかです。

したがって、このように「地位より家」ではない社会が一時的に存在したのです。とにかく「家より才能」であり、その才能と努力で獲得した「地位」には非常に価値があるとされました。このとき、合い言葉になったのが「立身出世」です。立身出世をかけ声に全国の才能を東京に集めて、それで国を豊かにするのだという発想が共有されました。

立身出世が素晴らしいということになると、貧しくて勉強する機会がないけれども頭がいい子どもには、地域共同体がみんなでお金を出しあったりして応援します。その典型例が野口英世《のぐちひでよ》です。こういう才能が見いだされた場合、その地域に後援者が必ず現れて、優秀な子どもを東京に送り出したのです。

もちろん明治の元勲たちは、華族制度をつくり、元老《げんろう》制度もつくっています。ですが、世界ではイギリスが特に顕著だったように強固な階級社会がまかり通っていました。そうであるならば、この時代に世界でもかなり平等な社会が突然生まれたという、インパクトのほうに注目すれば、明治政府の登場がいかに画期的だったかということが理解できるはずです。

明治政府はなぜ世襲をやめたか

それまで世襲、世襲だった日本が、なぜ突然変わったかといえば、やはり「外圧」の影響でした。幕末に黒船がやって来て、このままだと日本は外国の植民地になってしまうという非常に大きな恐怖があったからこそ、日本の根本原理を変えてまで、こうした対応を採ったわけです。

自らの生まれを超えて、頭角を現す人を「出頭人《しゅっとうにん》」と呼びます。江戸時代、こうした出頭人は否定されました。平和だったからです。平和な時代には世襲の原理がマッチします。生まれたときからすべてが決まっていれば、争うこともなく、万事穏やかにことが進むからです。

「売り家と唐様《からよう》で書く三代目」という川柳がありますが、これはお祖父さんから受け継いだ家が、孫の代になるともう売りに出されてしまうことを言ったものです。面白いのはこの「売り家」という字が唐様で書いてあるということ。つまり、芸事などに相当お金を使っていないと唐様では書けないわけで、そこには本業には全然身を入れずに放蕩《ほうとう》している三代目の姿が表現されているわけです。そういうことは江戸時代だけでなく、現代もよくあります。

それでも世襲というものを一番大きな原理原則としてきた背景には、ボンクラでも二代目や三代目がきちんと務まるという、ゆるさというか、妙にのどかな土壌が、おそらく日本にはあったからだという気がします。

例えば、江戸時代に鎖国があったかなかったかを、研究者は一生懸命考えているわけですが、少なくとも積極的に海外と貿易や外交をしようという態度ではなかったのは間違いないわけです。

つまり国内で、一生懸命働きさえすれば、日本列島に住んでいた当時二五〇〇万から三〇〇〇万人が食べる分ぐらいは収穫物が期待できた。これが全然期待できないとなると、隣の国と貿易をしよう、挙句の果ては戦争を仕掛けようという話になるわけですが、とりあえずはそれをしなくてもよかったのです。

世襲の根本を支えた理屈とは

　ここには天候や風土が穏やかだったことも大きく関係していると思います。例えばチンギス・ハーンを生み出したモンゴルでは、夏はものすごく暑いし、冬は冬で、零下何十度といった極寒の世界になります。こうした地域では生き残っていくためにきわめて厳しいリーダーの選抜が必要になります。だから、世襲というのはなかなか起こらないわけです。

　それに比べると日本の環境はやはりのどかで、ゆるい。先ほども述べたように、世襲のよさは、非常にまったりと時間が過ぎていき、争いがそれほど起こらないことです。だから、日本の歴史を見てみると、激しい殺し合いとか、虐殺だとか、そういうものはほとんど起きていません。逆に言えば、黒船という「外圧」は日本に根づいていた原理原則をあっという間に変えてしまうほど、当時の人々にとって、大きかったというわけです。

　ただし、興味深いのは、いま述べてきた動きと相反するように、日本の世襲の根本を担保するような形で、「万世一系」の天皇家が国民の前に再登場したことです。

　どういうことかというと、明治政府は「立身出世」を合言葉に、「家より才能」を重視した社会を創出しました。しかし、日本の根本原理は「家」、つまり世襲です。そうなったとき全体で見れば、神代から続く天皇家があるではないか、これによって日本人の「血のつながり」はすべて担保されているのだから、われわれ臣民は家より才能を重視しても構わないのではないか、こういう発想が出てきたのではないでしょうか。つまり、「血」や「家」については、すべて天皇家におんぶに抱っこという理屈があったのではないかと思うのです。

これは、中華皇帝と官僚の関係と同じように理解すればわかりやすいかもしれません。要は皇帝は世襲、官僚は才能なのです。明治日本もまた万世一系の天皇と、最高の才能持った官僚たちで、新たな国家づくりを開始したわけです。

なぜ日本で世襲は強いのか

伝統という言葉は、明治からさかんに使われ出した言葉です。しかも、それはよくないものとして使われていました。歌舞伎がそのいい事例です。歌舞伎は伝統芸能だと言ったとき、だから守ろうではなく、だから滅ぼしてしまえというのが、明治初期の風潮だったのです。

これは、日本は古くて遅れた国であるという認識が広まり、共有されており、海外からもたらされる新しいもの、合理的なものを学ばなければならないという姿勢が徹底していたということです。

それはもしかすると天皇を見る目も同じだったかもしれません。伊藤博文《いとうひろぶみ》などは、天皇を方便として見るという性格を非常に強く持っています。のちに憲法学者の美濃部達吉《みのべたつきち》が唱えた天皇機関説（天皇を国家の一機関とする憲法解釈）のアイデアを伊藤博文に話せば、おそらく「うむ、そのとおりだ」と言ったのではないかと僕は思います。

しかし、次第にそうした感覚は薄れていき、政治の実権が第二世代目、第三世代目へと受け継がれていくと、天皇機関説は不敬であるとされ、国体明徴《こくたいめいちょう》運動などが出てくるようになります。これは第一世代の思いがうまく伝わっていないのだと僕は思うのです。なぜそうなってしまったのかは、改めて考えなければいけない大切な問題です。

同様に、明治時代の歴史学はきわめて科学的な学問でした。ところが、大正、昭和になるにつれ皇国史観が登場し、歴史は科学ではなく信仰になってしまいました。

このように、時代が下るにつれて、何かが失われてしまうというのはよくあることです。能力主義に関しても、結局、明治の理想は敗戦を経て、高度経済成長期が終わると、見る影もなくなってしまいました。そう言うと言い過ぎかもしれませんが、少なくとも政治や芸能の世界では、かつての大物の二世や三世を見かけない日はありません。

これは先ほど述べたことを踏まえて考えてみれば、平和な状態なのだと思います。ですが、それが必ずしもいいことかどうかはちょっと立ち止まって考えてみなければいけません。僕は現代の黒船は人口減少だと思っているのです。人口減少は当然のことながら国力の低下を招くので、どうにかして国力を高めなければいけません。その方法の一つは地方からのボトムアップでしょう。

僕はある人から、「明治の東京は、列島規模のコンパクトシティと捉えたらいいのではないか」と言われて、大変得心しました。時間がなかったので、先を急ぐために効率化を図ったのだと思います。

とにかく二六〇年の江戸時代の間に、全国で育てた才能を、みんな東京に根こそぎ持ってきてしまったわけです。それで日本の近代化がなされたとすると、今度はその逆をやればいいのだとわかります。

学問なども、東京大学一極集中でノーベル賞を目指すのではなく、京都大学や各地の旧帝国大学が横並びになって狙っていくほうが時代にあっているように思うのです。いまある地方大学を充実させて、大学を中心としたまちづくりをやり、若者の雇用を生んで、地方で才能を育てる。いまの一極集中は、もう先が見えていると思うので、国民総生産は一時的に低迷するかもしれませんが、一度思い切って地方分権をやり、明治よろしく一斉に競争をするしかないのではないでしょうか。

あとがき

家内は僕と違って育ちがいいので、つねづね「がさつな人は嫌い」と言います。僕の何がいやかって、「育ちの悪いところ」だそうです。育ちはお金では買えない。育ちのいい人は趣味がいい。一緒にいて心地よい、疲れない。そう言われると、なるほどそうかも、と納得して、反省しています。

そういうわけで、世襲が嫌いだ、と言っているものの、いやいや世襲にもいいところがあるなあ、と最近よく痛感することがあります。僕は安倍晋三総理大臣と異なる政治的な意見をいろいろと持っています。でも総理が外交の場で各国の首脳と堂々と渡り合っている姿を見ると、すごいなあ、と感嘆せざるを得ません。ご存知のとおり、安倍総理は母方の祖父に岸信介をもつ、政治家一族の出身です。

以前の総理といえば、「オミヤゲ」を持参してようやくG7の仲間入りができる、というぐらいの存在感でした。記念撮影でも所在なさげに端っこにいました。そこには不文律があって在任期間が長いほど真ん中にいていいそうですが、それにしても安倍さんは違う。毅然と中心に立つ。育ちがいい人は臆するところがないんでしょうね。国を背負って集まってくる外国の要人ともすぐに打ち解けて、友好的に話ができる。日本の国益という観点からすると、それはどれほどのプラスでしょうか。

福田達夫さんにお目にかかったときも、世襲は悪くないかも、と思いました。福田さんはおじいさんの赳夫さんもお父さんの康夫さんも総理大臣というサラブレッド。じゃあ苦労を知らない温室育ちかというとそんなことは決してなく、器が大きいというか、人間的な魅力に溢れる方でした。常識をわきまえ、識見を蓄え、まさに「育ちがいい」。

福田さんは選挙の地盤がしっかり形成されているだろうから、いわゆる「どぶ板選挙」をやらなくていいのでしょうが、その地域の個別具体的な案件のみにこだわらず、もっと大所高所から俯瞰的な視野で日本全体を考える政治家がいてもいいよな、と思いました。

仮に彼が群馬（福田さんの地盤は高崎周辺です）のゴミ事情に精通していなくても、それは世界を舞台に活躍する足かせにはならない。そう言うと、地方・地域抜きに日本はない、という反論がすぐに予想されます。けれどそれは、スペシャリストも必要だけどゼネラリストだって大切だ、という議論ですむ話だろうと考えます。

戦国時代に日本に来た宣教師は、「こんなに道徳心の高い国があるとは！」と驚きました（特定の神仏を信仰していないので、キリスト教を広めるのにもってこいだ、と続くのですが）。また幕末・明治維新期に来日した欧米人も日本人の礼儀正しさをレポートしています。そして現在、大変嬉しいことに、日本は「礼儀正しい国」と広く世界の方々に認められています。もしかすると日本人は「穏やかで道徳心が高い」国民性を、国全体で世襲しているのかもしれません。それが日本人の「おもてなし」の核にある、と考えるといろいろと納得です。

あれ？ 僕は世襲が嫌いじゃなかったっけ？ いやまあ何でもそうかもしれませんが、才能か、世襲か、という二者択一の簡単な話ではないのだ、ということでしょうね。

僕は自分が生まれた日本という国が理屈抜きで大好きです。ですから本書をまとめたことを契機として、理屈の面でも日本の特質を考え、日本人の「芯《しん》」にさらに迫ることができればと念願しています。

二〇一九年八月

本郷和人

主要参考文献

・石井進『日本の歴史7 鎌倉幕府』中公文庫、一九七四年
・今谷明『室町の王権——足利義満の王権簒奪計画』中公新書、一九九〇年
・マックス・ウェーバー『支配の社会学Ⅱ』世良晃志郎訳、創文社、一九六二年
・五味文彦『武士の時代——日本の歴史4』岩波ジュニア新書、二〇〇〇年
・佐藤進一『日本の歴史9 南北朝の動乱』中央文庫、一九七四年
・高群逸枝「招婿婚の研究」『高群逸枝全集』第二〜三巻、理論社、一九六六年
・高群逸枝「日本婚姻史」『高群逸枝全集』第六巻、理論社、一九六七年
・エマニュエル・トッド『家族システムの起源 Ⅰ ユーラシア』上巻、石崎晴己監訳、藤原書店、二〇一六年
・保立道久『平安時代——日本の歴史3』岩波ジュニア新書、一九九九年
・本郷和人『考える日本史』河出新書、二〇一八年
・本郷和人『上皇の日本史』中公新書ラクレ、二〇一八年
・村上泰亮・公文俊平・佐藤誠三郎『文明としてのイエ社会』中央公論社、一九七九年
・吉田孝『飛鳥・奈良時代——日本の歴史2』岩波ジュニア新書、一九九九年

編集協力　福井信彦
校閲　北崎隆雄
図版作成　手塚貴子
ＤＴＰ　佐藤裕久

本郷和人　ほんごう・かずと
1960年、東京都生まれ。東京大学史料編纂所教授。
東京大学文学部、同大学院で石井進氏、五味文彦氏に
師事し日本中世史を学ぶ。専門は中世政治史、古文書学。博士(文学)。
史料編纂所では『大日本史料 第五編』の編纂を担当。
著書に『新・中世王権論』(文春学藝ライブラリー)、『日本史のツボ』
『承久の乱——日本史のターニングポイント』(ともに文春新書)、
『乱と変の日本史』(祥伝社新書)、
『怪しい戦国史』(産経セレクト)など多数。
監修に『東大教授が教える やばい日本史』(ダイヤモンド社)など。

NHK出版新書 601

世襲の日本史
「階級社会」はいかに生まれたか

2019年9月10日　第1刷発行
2019年9月30日　第2刷発行

著者　本郷和人　

発行者　森永公紀

発行所　NHK出版
〒150-8081 東京都渋谷区宇田川町41-1
電話 (0570) 002-247(編集) (0570) 000-321(注文)
http://www.nhk-book.co.jp (ホームページ)
振替 00110-1-49701

ブックデザイン　albireo

印刷　壮光舎印刷・近代美術

製本　二葉製本

Printed in Japan ISBN978-4-14-088601-4 C0221

NHK出版新書好評既刊

NHK出版新書好評既刊

8050問題の深層
「限界家族」をどう救うか
川北 稔
若者や中高年のひきこもりを長年研究してきた社会学者が、知られざる8050問題の実相を明らかにし、従来の支援の枠を超えた提言を行う。
596

革命と戦争のクラシック音楽史
片山杜秀
優美で軽やかなモーツァルトも軍歌を作っていた？「第九」を作ったのはナポレオン？ 世界史と音楽史が自在に交差する白熱講義！
597

誰も知らないレオナルド・ダ・ヴィンチ
斎藤泰弘
芸術家であり、科学者でもあった「世紀の偉人」がなりたかったのは、「水」の研究者だった？ 自筆ノートから見えてくる「天才画家」の正体とは――。
598

日本語と論理
哲学者、その謎に挑む
飯田 隆
「多くのこども」と「こどもの多く」はどう違う？「こどもが三人分いる」が正しい場合とは？ 日本語のビミョウな論理に迫る「ことばの哲学」入門！
600

世襲の日本史
「階級社会」はいかに生まれたか
本郷和人
日本史を動かしてきたのは「世襲」であり、「地位より家」の大原則だった。摂関政治から明治維新までの流れを読み解き、日本社会の構造に迫る！
601